Bone Black

Erinnerungen an eine Kindheit

bell hooks

Bone Black

Erinnerungen an eine Kindheit

bell hooks

Aus dem amerikanischen Englisch
von Marion Kraft

ELISABETH
SANDMANN
VERLAG

An mein bestes „Mädchen“.
Mit Hoffnung für den Jungen, den ich in meinen Armen hielt.

Wenn du denen, die du liebst,
sagst, du würdest für sie sterben,
ist die Wahrheit hinter diesen
Worten vielleicht, dass du nicht
dein physisches Leben hingibst,
sondern, dass du bereit bist,
in der Vergangenheit zu sterben,
um in der Gegenwart wiedergeboren
zu werden, wo du ganz und frei
leben – und uns die Liebe geben
kannst, die wir brauchen.

Vorwort

Bone Black. Erinnerungen an eine Kindheit ist keine gewöhnliche Erzählung. Es ist die Geschichte einer rebellischen Kindheit, des Kampfes um das eigene Ich und einer Identität, die sich von der Welt um mich herum unterscheidet und sie gleichermaßen einschließt. In fantasievollem Schreiben versuche ich, die reiche, magische Welt der Schwarzen Kultur des Südens heraufzubeschwören, die manchmal paradiesisch und dann wieder furchterregend war. Das Familienleben, von dem ich erzähle, kann leicht als dysfunktional bezeichnet werden. Doch bedeutsamer ist, dass diese Tatsache nichts an der Magie und dem Mysterium ändert, die allgegenwärtig waren. All dies war zutiefst bestärkend und lebensbejahend. Die Schönheit liegt darin, wie sich alles zusammenfügt und das innere Leben eines Mädchens, das sich selbst erfindet, enthüllt und beschreibt – wie es die Grundlagen seiner Selbstfindung und Identität schafft, die schließlich zur Erfüllung seiner wahren Bestimmung führen: Schriftstellerin zu werden.

Heutzutage schreiben feministische Theoretiker:innen mehr als jemals zuvor über die Bedeutung der Kindheit als eine Zeit, in der sich Mädchen frei und stark fühlen. Unsere Körper unterscheiden sich noch nicht so sehr von denen der Jungen. Und unsere Energien sind genauso intensiv wie ihre, wenn nicht noch ausgeprägter. Zu wenig ist über die Erfahrungen Schwarzer Mädchen in unserer

Gesellschaft bekannt. Von allen Büchern ist einer meiner Lieblingsromane Toni Morrisons *Sehr blaue Augen.* Kurz nach seinem Erscheinen erklärte sie, dass sie den Wunsch hatte, über „die Menschen zu schreiben, die in der Literatur immer nur am Rande vorkamen – kleine Schwarze Mädchen, die Requisiten oder im Hintergrund waren; diese Menschen standen nie im Mittelpunkt, und ich war eine von ihnen". Ich war noch Teenagerin als ich dieses Buch las. Es hat mich bis ins Innerste aufgewühlt. In dieser fiktionalen Erzählung gab es Fragmente meiner eigenen Geschichte – meiner Kindheit. Ich war schon immer eine besessene Leserin und hatte diesen Mangel gespürt. Zu sehen, dass dieser Abschnitt unseres Lebens ernsthaft gewürdigt wurde, war eine unglaubliche Bestätigung für mich. Nach der Lektüre dieses Buches sollte mein Leben niemals mehr dasselbe sein. Es ging nicht nur darum, dass Morrison Schwarze Mädchen in den Mittelpunkt stellte, sondern dass sie Mädchen für uns erschuf, die sich mit den Widersprüchen von Klasse, Race und Identität auseinandersetzten; Mädchen, die damit kämpften, sich dem Schmerz zu stellen und ihn zu bewältigen. Vor allem schenkte sie uns Schwarze Mädchen, die kritische Denkerinnen waren, ihr Leben analysierten, ihre Geschichte erzählten. So machten sie sich selbst zu Subjekten der Geschichte.

Viele Feminist:innen, die zurzeit über das Leben von Mädchen schreiben und sprechen, gehen davon aus, dass Schwarze Mädchen mehr Selbstachtung haben als weiße. Dies wird oft daran gemessen, dass Schwarze Mädchen selbstbewusster auftreten, mehr reden, sicherer erscheinen. Doch in den Schwarzen Traditionen des Südens wurde und wird es von Mädchen erwartet, dass sie sich gut ausdrücken und würdevoll benehmen. Unsere Eltern und Lehrer:innen haben uns immer dazu angehalten, aufrecht zu gehen und deutlich zu sprechen. Diese Charaktereigenschaften sollten dem Aufstieg der Race dienen. Sie wurden nicht zwangsläufig mit der Entwicklung weiblicher Selbstachtung in Verbindung gebracht. Ein Mädchen, das sich unverblümt äußerte, konnte sich dennoch wertlos fühlen, weil ihre Haut nicht hell genug war oder ihr Haar die falsche Struktur hatte. Dies sind Variablen, die weiße Wissenschaftler:innen oftmals nicht in Betracht ziehen, wenn sie an Schwarze weibliche Selbstachtung einen Maßstab anlegen, der für die Werte weißer Erfahrungswelten entwickelt wurde. Weiße Mädchen aller Klassen werden häufig dazu ermutigt, leise zu sein. Gegenteilige Beobachtungen in anderen ethnischen Gruppen als Zeichen weiblichen Empowerments zu interpretieren, geht an der Realität vorbei. Denn die kulturellen Codes jener Gruppen könnten völlig verschiedene Standards diktieren, an denen weibliche Selbstachtung gemessen wird. Um die Komplexität Schwarzer Mädchenerfahrungen zu verstehen, brauchen wir mehr Arbeiten, die diese Realität in all ihren Variationen und ihrer Diversität dokumentieren. Gewiss formt Klassenzugehörigkeit den Charakter unserer Kindheitserfahrungen. Sicherlich haben Schwarze Mädchen, die in materiell privilegierten Familien leben, andere Vorstellungen von Selbstachtung als diejenigen, die arm und/oder notleidend aufwachsen. Daher ist es notwendig, dass wir etwas über unsere unterschiedlichen Erfahrungen lernen. Es gibt nicht nur eine Geschichte Schwarzer Mädchenjahre.

Ich bin mit fünf Schwestern aufgewachsen und noch immer erstaunt darüber, wie unglaublich unterschiedlich unsere Erfahrungen waren, obwohl wir in demselben Haushalt lebten. Unsere Erinnerungen spiegeln diese Differenzen. *Bone Black. Erinnerungen an eine Kindheit* ist meine Geschichte. Ein unkonventionelles Memoir, das die Erfahrungen, Träume und Fantasien, die mich als Kind am meisten beschäftigt haben, zusammenfasst. Ich teile meine geheime Welt – die verschiedenen Namen, die ich erdacht habe. (So nenne ich zum Beispiel in meiner Imagination meine Großmutter Saru, weil sich das für mich besser anhörte als ihr richtiger Name, Sarah.) Diese Autobiografie ist Wahrheit und Mythos – ein poetisches Zeugnis. Der rebellische Autor der Beat Generation, Jack Kerouac, hat immer wieder „Erinnerungen als untrennbar von Träumen" bezeichnet. In *Bone Black. Erinnerungen an eine Kindheit* versammle ich die Träume, Fantasien und Erfahrungen, die mich als Mädchen am meisten beschäftigt haben. Sie bleiben bei mir und erscheinen immer wieder in unterschiedlicher Gestalt und Form in all meinen Arbeiten. Ohne alles, was geschah, zu erzählen, dokumentieren sie alles, was am lebendigsten geblieben ist. Sie bilden die Grundlage, auf der ich mein Leben schreibend aufgebaut habe, ein Leben, das intellektuellem Streben verpflichtet ist.

Indem es die Voraussetzungen meines frühen Lebens wie einen verrückten Quilt zusammenfügt, verbindet *Bone Black. Erinnerungen an eine Kindheit* Fragmente zu einem Ganzen. Kleine und große Dinge verbinden sich zufällig und spielerisch auf eine irrationale Art. Und da ist das ständige Bestehen auf der Wiederholung. Denn so arbeiten die Gedanken. Sie betrachten dieselben Dinge immer wieder auf unterschiedliche Weise. Die vorherrschende Perspektive ist immer die des intuitiv und kritisch denkenden Kindes. Manchmal werden

Erinnerungen in der dritten Person erzählt, indirekt, so wie wir alle manchmal von Ereignissen berichten. Wir schauen zurück, als seien wir distanzierte Beobachter:innen. Wenn wir das Leben aus der Retrospektive betrachten, sind wir gleichzeitig anwesend und abwesend, Beobachtende und Beobachtete. In ihrem Heraufbeschwören von Stimmungen und der Sensibilität von Momenten ist dies eine Autobiografie der Wahrnehmungen und Ideen. Die beschriebenen Ereignisse sind immer weniger wichtig als die Eindrücke, die sie auf die Gedanken und das Herz hinterlassen.

Das Kind, das ich war,
wurde zurückgelassen.
Die mich zuerst geliebt haben,
sind ohne mich weitergezogen.
Wo sie waren, ist eine Tür
zur Einsamkeit offengeblieben.

Robert Duncan, *Ground Work*

Unsere Leben könnten weniger
von unserer Kindheit bestimmt sein
als durch die Art und Weise,
wie wir gelernt haben,
uns unsere Kindheit vorzustellen.

James Hilman, *The Soul's Code*

1

Mama hat mir einen Quilt aus ihrer Aussteuertruhe gegeben. Es ist einer von denen, die ihre Großmutter gemacht hat. Er besteht aus Sternen, jedes Stück stammt von verwaschenen Baumwoll-Sommerkleidern und ist von Hand genäht. Sie hat mir einen bestickten Geldbeutel gegeben, der Sister Ray, der Mutter meines Vaters, gehörte. Sie wollen wissen, warum sie ihn mir gegeben hat, denn ich war nicht Sister Rays Liebling. Sie sagen, sie dreht sich wahrscheinlich im Grab um vor Wut, dass ich etwas von ihr bekommen habe.

Mama erzählt uns – ihren Töchtern –, dass die Mädchen in ihrer Familie anfingen, Dinge für ihre Aussteuertruhe zu sammeln, als sie noch sehr jung waren. Sie sammelten alles, was sie in die Ehe mitbringen würden. Als sie ihre Truhe das erste Mal für uns öffnet, habe ich das Gefühl mitzuerleben, wie die Büchse der Pandora ein weiteres Mal geöffnet wird, dass die Geheimnisse ihrer Jugend, die bittersüßen Erinnerungen wie ein Wasserfall herausstürzen und uns in der Zeit zurückwerfen werden. Stattdessen steigt der Geruch von Zedern in die Luft. Ich werde an Weihnachten erinnert, an verlassene Bäume, die nach den Feierlichkeiten einsam im Schnee stehen. Gewöhnlich lädt sie uns nicht ein, bei der Öffnung der Truhe dabei zu sein. Obwohl wir nahe bei ihr stehen und sie beobachten, verhält sie sich, als wären wir nicht da. Ich sehe, wie sie sich erinnert, irgendeinen Gegenstand fest in der Hand hält, ein Stück von ihr selbst, von dem sie sich hat trennen müssen, um in der Gegenwart zu leben. Ich sehe, wie sie jedes Stück betrachtet, um festzustellen, ob sich die Hoffnung darin erfüllt hat. Ich tue so, als würde ich die Tränen in ihren Augen nicht sehen. Ich bin froh, dass sie das Öffnen der Truhe dieses Mal mit uns allen teilt. Ich halte die Geschenke, die sie mir gibt, fest in der Hand, den Quilt, den bestickten Geldbeutel. Sie weiß, dass ich oft hoffnungslos bin. Sie sammelt keine Schätze für meine künftige Heirat. Ich will nicht weggegeben werden. Ich kann meine Träume nicht auf morgen verschieben. Ich kann nicht auf einen anderen warten, auf einen Fremden, der meine Hand nimmt.

In jener Nacht träume ich davon wegzugehen. Ich nehme den Bus. Mama steht da und winkt zum Abschied. Als ich später von meiner Reise nach Hause zurückkehre, muss ich feststellen, dass es gebrannt hat, von unserem Haus nichts übriggeblieben ist und ich niemanden sehen kann. Da sind nur die Dunkelheit und der schwere Geruch von Rauch. Ich stehe allein da und weine. Mein Schluchzen hört sich an wie der Schrei eines Pfaus. Plötzlich erscheinen sie mit Kerzen, Mama und all die anderen. Sie sagen, sie haben gehört, wie mein Kummer die Luft durchdringt wie der Schrei eines Pfaus, und dass sie gekommen sind, um mich zu trösten. Sie geben mir eine Kerze. Gemeinsam durchsuchen wir die Asche nach Überresten, nach irgendeinem Fragment aus unseren Leben, das vielleicht das Feuer überstanden hat. Wir finden die Aussteuertruhe, die nicht völlig ausgebrannt ist. Jemand findet ein Foto. Ein Gesicht ist verkohlt, ein anderes ist noch da. Wir reichen das Fragment herum wie Brot und Wein bei der Kommunion. Der Chor unseres Weinens ist ein Zeugnis unserer Ergriffenheit.

Lauter als unser Weinen ist eine Stimme, die uns befiehlt, unseren Tränen Einhalt zu gebieten. Wir können nicht sehen, wer spricht, aber der strenge Klang erinnert an die Stimme der Mutter meiner Mutter. Sie sagt, wir sollen in der Nacht nah beieinander im Kreis sitzen und in unserer Mitte die Kerze aufstellen. Die Kerze brennt wie ein weiteres Feuer. Doch sie sagt, dieses Mal soll es unsere Herzen wärmen. Sie sagt, Hört mir zu, ich will euch eine Geschichte erzählen. Sie beginnt damit, alles in Worte zu fassen, was bei dem Feuer zerstört wurde. Am Ende des Traums sind wir alle glücklich.

Am nächsten Tag will ich wissen, was der Traum zu bedeuten hat, wer sie ist, die Geschichtenerzählerin der Nacht. Saru, Mamas Mutter, ist die Interpretin von Träumen. Sie sagt mir, dass ich die Geschichtenerzählerin kennen sollte, dass sie und ich eins sind und sie meine Schwestern, meine Familie. Sie sagt, dass ein Teil von mir die Geschichte erschafft, die Wörter und das neue Feuer macht, dass es mein Herz ist, das im Zentrum der Flammen brennt.

2

Wir leben auf dem Land. Wir Kinder verstehen nicht, dass wir deshalb zu den Armen gehören. Wir verstehen nicht, dass die Plumpsklos hinter vielen der Häuser immer noch da sind, weil es fließendes Wasser hier erst sehr viel später als in der Stadt gab. Wir verstehen nicht, dass unsere Spielkamerad:innen Wäschestärke nicht wegen des guten Geschmacks essen, sondern weil sie manchmal gar nichts zu essen haben. Wir verstehen nicht, dass wir uns mit den schweren, geruchlosen, eigenartig geformten, selbstgemachten Stücken Laugenseife waschen, weil richtige Seife Geld kostet. Wir denken nicht darüber nach, woher die Laugenseife kommt. Wir wissen nur, dass unsere Haut davon juckt – und dass wir unseren Mund damit nicht spülen wollen. Weil wir arm sind und auf dem Land wohnen, gehen wir in die Dorfschule – in das kleine weiße Holzgebäude, wohin alle Kinder vom Land gehen. Sie kommen von überall her. Sie kommen von so weit her, weil sie Schwarz sind. In ihrem Schulbus fahren sie an vielen Schulen vorbei, in die weiße Kinder gehen können, ohne mit dem Bus zu fahren. Die müssen nicht in den frühen Morgenstunden aufstehen und manchmal das Haus noch bei Dunkelheit verlassen.

Wir müssen nicht mit dem Bus fahren. Die Schule ist nur ein oder zwei Kilometer von unserem Haus entfernt. Wir gehen zu Fuß. Wir wandern planlos die Straße entlang, bis ein Auto vorbeifährt. Wir können den Bussen zuwinken. Sie dürfen nicht anhalten und uns mitnehmen. Wir verstehen nicht warum. Daddy sagt, das Laufen zur Schule würde uns guttun. Er erzählt uns immer wieder mit strenger Stimme von seinem kilometerlangen Schulweg durch verschneite Felder, ohne Stiefel oder Handschuhe, die ihn warmhielten. Das Bild des kleinen Jungen, der meilenweit zur Schule läuft, um lesen zu lernen, damit aus ihm etwas wird, tröstet uns nicht. Wenn wir unsere Augen schließen, sehen wir ihn vor uns. Er sieht sehr traurig aus. Manchmal weint er. Das tröstet uns überhaupt nicht. Und es gibt immer Tage, an denen wir uns über den langen Weg beschweren, besonders wenn es nass und stürmisch ist.

Die Schule beginnt in der Kirche. Dort sprechen wir den Treueschwur auf die Flagge. Die Flagge sagt uns nichts. Aber die Worte gefallen uns. Gemeinsam gesprochen klingen sie wie ein Gesang. Dann hören wir einem Morgengebet zu. Wir beten das Vaterunser. Durch das Singen wird die Morgenandacht zum glücklichsten Moment des Tages. Dort lerne ich auch „Red River Valley" singen. Es ist ein Lied über Vermissen und Sehnsucht. Ich verstehe nicht alle Wörter, nur das Gefühl – warme, feuchte Traurigkeit, wie Spielen im Frühlingsregen. Nach der Kirche gehen wir in die Klassenzimmer.

In der ersten Klasse gibt die Lehrerin Verkostungspartys. Sie bringt uns verschiedene Lebensmittel zum Probieren, damit wir sie kennenlernen, weil wir sie zu Hause nicht essen. Wir warten alle begierig auf die Freitage, wenn das Verkosten beginnt. An dem Tag, an dem sie Hüttenkäse mitbringt, weiß ich nicht, ob ich den versuchen soll. Sie überzeugt mich. Sie lässt alle ein wenig davon probieren, nur für den Fall, es könnte uns schmecken. Wir kommen von den Verkostungspartys nach Hause und erzählen unseren Eltern, wie es war.

Wir bitten sie, dieses neue, gute Essen zu kaufen, besseres Essen, besser als alles, was wir je gegessen haben.

Mama sagt uns, dass man das meiste von dem, was wir probiert haben, nicht jeden Tag essen sollte, dass es Geldverschwendung ist. Wir verstehen nicht, was Geld ist. Wir wissen nicht, dass wir alle arm sind. Wir können nicht viele unserer neuen Freund:innen besuchen, weil sie meilenweit entfernt von uns wohnen. Nach der Schule haben wir einander.

3

Hier auf der Landschule müssen wir immer arbeiten, um Geld aufzutreiben – Süßigkeiten und Tombola-Lose verkaufen, Aufführungen veranstalten, für die Eintrittskarten verkauft werden: an unsere Eltern, Nachbarn, Bekannte, an Leute, die kein Geld haben und sich schämen, kleine bunte Papiere zu kaufen, die sie sich nicht leisten können, Lose, die die Schule am Laufen halten. Die Leute mit einer Menge Geld können sich viele Karten leisten. Sie können zeigen, dass sie „klasse" sind. Ihre Haut hat oft die Farbe der Schweine im Bilderbuch. Sie haben wohl mehr Geld, weil sie heller sind, weil sie mehr und mehr rosafarben werden, weil sie ihre Haare blond oder rot färben, um das Licht, das Helle ihrer Haut zu betonen. Wir Kinder nennen sie weiß. Wir sind so durcheinander von dem, das Race genannt wird.

Wir lernen die Farben mit Buntstiften. Wir lernen den Unterschied zwischen Weiß und Rosa und dem, was sie Fleischfarben nennen. Wir finden den fleischfarbenen Buntstift lustig. Wie der weiße ist er nie auf dem Manilapapier, das sie uns zum Malen geben, zu sehen und auch nicht auf den braunen Papiertüten, die wir zu Hause zum Malen benutzen. Wir wissen, dass Fleisch nichts mit unserer Haut zu tun hat, denn wir sind braun und braun und braun wie alle guten Sachen. Und wir wissen, dass Schweine nicht so rosa oder weiß sind wie diese fleischfarbenen Leute. Insgeheim lieben wir Schweine, besonders ich. Ich beobachte sie gerne, wenn sie im Schlamm liegen, sich in dem kühlen, roten Matsch wälzen, der wie Lehm ist, der flammend rot und heiß ist wie brennende Erde. Ich schaue ihnen gerne zu, wenn sie fressen, und liebe es, sie zu füttern. Seit einigen Wochen gebe ich ihnen die tiefschwarze Kohle, mit der wir uns im Winter warmhalten. Ich gebe ihnen immer ein kleines Stückchen, um ihr knirschendes Kauen zu hören. Ich will ihnen all die Eintrittskarten zum Essen geben, damit niemand sie verkaufen muss; damit Mama sich nicht darüber beklagen muss, dass der Verkauf der Karten ihr noch größere Sorgen macht. Die Schweine ekeln sich vor den Karten. Selbst wenn ich sie mit einem Stock anstupse, wenden sie sich ab. Sie fressen lieber Kohle.

Ich muss Karten für eine Tom Thumb Hochzeit verkaufen. Das ist eine der Schulaufführungen. Sie macht den Kindern keinen Spaß. Wir müssen Hochzeitskleider aus Papier anziehen und eine Zeremonie zur Unterhaltung der Erwachsenen spielen. Mir wird schlecht von dem Ganzen, doch das kümmert niemanden. Wie jedes andere Mädchen will ich die Braut sein, aber ich werde nicht ausgewählt. Es hat immer etwas mit Geld zu tun. Die wichtigen Rollen bekommen die Kinder der Eltern, die Geld geben können und viele Eintrittskarten verkaufen. Ich habe Glück, dass ich eine Brautjungfer sein und ein rotes Krepppapierkleid tragen darf, das nur für mich gemacht wurde. Ich bin nicht begeistert von diesem Glück. Ich würde lieber kein Papierkleid tragen und nicht bei einer Scheinhochzeit mitmachen. Sie sagen mir, ich hätte Glück, dass meine Haut heller ist, nicht schwarz schwarz, nicht dunkelbraun, Glück, dass mein Haar fast glatt ist, sonst dürfte ich vielleicht gar nicht bei der Hochzeit mitmachen, sonst hätte ich vielleicht nicht so viel Glück.

Dieses Glück macht mich wütend, und wenn ich wütend bin, geht immer alles schief. Wir üben in unseren Papierkleidern den Mittelgang der Kirche entlangzugehen, während am Klavier der Hochzeitsmarsch gespielt wird. Wir üben Bräute zu sein, Mädchen, die aufwachsen, um weggegeben zu werden. Meine Beine würden lieber rennen. Es juckt sie, nach draußen zu gehen. Meine Beine träumen, es sind abenteuerlustige Beine. Sie können nicht ohne Protest vor den Altar treten. Sie gehen zu schnell. Sie gehen zu langsam. Sie halten alles auf. Das Mädchen hinter mir tritt auf das rote Kleid. Es reißt. Es bewegt sich auf meiner Haut wie Wind an rennenden Beinen. Jetzt bin ich glücklich – über diesen Riss. Ich hoffe, sie erlauben mir jetzt, mich hinzusetzen. Aber sie sagen Nein. Wir denken nicht daran, dich aus dieser Show zu nehmen. Sie wissen, wie sehr jedes Mädchen bei einer Hochzeit sein will. Der Riss muss ausgebessert werden. Das rote Kleid muss, wie das Herz einer Frau, still und heimlich zerreißen.

4

Dort, wo sie auf dem Hügel leben, gibt es nur wenige Häuser. Das ganze Land gehört einem Schwarzen Mann, der nicht weit von ihnen in einem großen Haus wohnt, in dessen Umgebung es keine anderen Häuser gibt. Er lebt ganz oben auf dem Hügel. Ihr Haus ist aus Stein und Beton. Weiße Männer hatten es gebaut, als sie anfingen, auf dem Hügel nach Öl zu suchen. Es wurde kein Öl gefunden. Sie hinterließen Überreste ihrer Maschinen und ihrer Anwesenheit. Sie hinterließen das kalte Betonhaus. In den heißen und schwülen Sommern bot die Luft darin Abkühlung, aber im Winter war es kalt und feucht. Das kalte Grau des Hauses machte den Kindern wenig aus. Sie spielten immer draußen auf den grünen Wiesen und Hügeln hinter dem Haus. Sie liefen kilometerweit in die Hügel, suchten nach Heckenkirschen und wildem Spargel und versuchten, den Schlangen aus dem Weg zu gehen. Sie hatten nicht immer Angst vor Schlangen, aber sie wussten, dass sie vorsichtig sein mussten, dass Schlangenbisse gefährlich sein konnten.

Sie ging gerne zu ihrem Lieblingsbaum auf dem Hügel und spielte mit einer leuchtend grünen Schlange, einer Baumschlange, die dort lebte. Sie konnte mit der Schlange reden und ihr zuhören. Sie erzählte ihr von den Problemen, die sie damit hatte, rechts und links zu unterscheiden. Die Schlange verstand ihre Frustration, ihre Tränen, wenn alle schon gehen wollten und sie noch damit kämpfte, ihre Schuhe richtig anzuziehen. Die Schlange verstand, dass Strafen die

Aufgabe nicht einfacher machten. Sie dachte, es läge an den Schuhen. Große Buster Brown Schuhe, die sie und ihr Bruder trugen. Die grüne Schlange wickelte sich wie ein Armband um ihr Handgelenk und riet ihr, diese Schuhe jeden Tag mitzunehmen und auf den Abfall zu bringen. Vielleicht würden sie dann zusammen mit allen ungewollten Dingen verbrannt. Jede Nacht schlich sie aus dem Haus und legte die Schuhe sorgfältig zum Verbrennen auf den Müllhaufen. Jeden Morgen wurde sie dafür bestraft und musste die Schuhe zurückholen. Doch sie machte weiter, bis ihr Daddy endlich sagte: Kauf ihr ein anderes Paar Schuhe. Sie wurde für ein Problemkind gehalten, eines das entschlossen war, seinen Willen zu bekommen. An jenem Tag ging sie allein los, um der Schlange für ihre Hilfe zu danken. Auf ihrem Heimweg entdeckte sie einen neuen Pfad. Ohne nachzudenken, folgte sie ihm. Er führte zu einem riesigen Garten. Sie wusste nicht, wer ihn angelegt hatte. Sie ging langsam die Reihen wachsender Pflanzen entlang, darauf bedacht, nicht auf sie zu treten. Ihr wurde schwindelig von dieser Art zu gehen. Vielleicht stolperte sie deshalb, fiel hin und schürfte sich beide Knie auf dem Kies und der Erde auf, als sie etwas den Hügel hinunterrollte. Sie blieb weinend liegen, verloren und allein. Ein Mann, den sie nicht kannte, hob sie auf. Er war nicht alt. Seine Haut war rosa, wie die der Schweine. Sein Haar war schwarz und lockig. Als er sie aufhob, sagte er, er würde sie nach Hause tragen. Sie war sicher, dass die Schlange ihn geschickt hatte. Sie erzählte ihm alles von der Schlange – dass sie ihre einzige Freundin war. Er lachte und fragte sie, ob er ihr Freund sein könne. Bei Schlangen war sie sich sicher, aber nicht bei fremden Männern. Also sagte sie nichts. Er trug sie den ganzen Weg nach Hause. Sie hatten schon ihren Namen rufend die Hügel nach ihr abgesucht.

Zu Hause stellte sich der Mann als Sohn des Grundherrn vor. Bevor er ging, versprach er, sie zu heiraten und wiederzukommen, wenn sie älter war. Die Erwachsenen schienen das für eine gute Idee zu halten. Sie flüsterte ein Geheimnis in sein Ohr. Sie sagte ihm, sie könne ihn nicht heiraten, weil sie der Schlange schon versprochen hatte, dass sie für immer in der Nähe ihres Lieblingsbaums zusammenleben könnten.

5

Er hatte ein altes Auto. Es wurde nie bewegt. Es versank im Schlamm, als wäre es wie jede andere Pflanze darin gewachsen. Nur, dass es eindeutig keine Pflanze war. Es war im wahrsten Sinne des Wortes eine menschengemachte Kreatur. Ihre Hände streichelten das dunkelrote Leder, das sich wie Seide auf der Haut anfühlte. Sie wussten, dass es aus Fleisch und Blut war – wussten, dass es die Ehrfurcht in ihren Berührungen spüren konnte. Sie spielten in dem Auto. Es war eines ihrer Lieblingsverstecke. Wenn sie wie ängstliche Tiere auf dem Boden kauerten, träumten sie davon, wie es wäre, niemals gefunden zu werden. Doch sie wurden immer gefunden.

Sie mochte es besonders, sich in dem Auto zu verstecken und alle Türen zu verriegeln, so dass niemand hineinkommen konnte. Es gefiel ihr, durch das Fenster in die Gesichter der Erwachsenen zu grinsen, die sie baten, die Türe zu öffnen. Es gefiel ihr, deren Entsetzen zu beobachten. Manchmal war sie selbst entsetzt.

Als ihre Mutter einmal im Krankenhaus war, kam Sister Ray, die Mutter ihres Vaters, um auf sie aufzupassen. Sie verstanden nie, warum irgendjemand auf sie aufpassen sollte. Tief im Innern hatten sie Angst, dass dieser anonyme irgendwer kommen würde, um den Platz ihrer Mutter einzunehmen. Sie wollten keine andere Person, die sich um sie kümmerte. Sie wollten nur ihre Mama. Weil sie nicht Sister Rays Liebling war, fürchtete sie deren Kommen. Doch sie kam, ihr strenges Gesicht in der Farbe glänzend strahlender Kohle – die Farbe der Dunkelheit, die sie an ihren Sohn weitergegeben hatte. Man munkelte, dass sie diese besondere Kleine nicht mochte, weil ihr Gesicht noch nicht einmal daran dachte, braun genug zu sein. Es nahm selbst in der Sonne keine Farbe an. Diese besondere Kleine hörte das Flüstern. Sie nahm diesen Hass, diese erste Ablehnung bitterlich übel. Sie wollte sich davor verstecken, und wählte natürlich das Auto. Es war das sicherste Versteck. Dort konnte man gleichzeitig gefunden und nicht gefunden werden. Doch sie wollte sich nicht allein verstecken. Also machten ihr Bruder und ihre Schwestern mit. Zunächst kurbelten sie die Fensterscheiben nicht hoch. Sie verriegelten nur alle Türen. Sie warteten darauf, dass Sister Ray entdeckte, dass sie alle verschwunden waren, dass das Haus zu still war. Als sie die Abwesenheit der Kinder schließlich bemerkte, und sie nicht im Haus finden konnte – sie hörten sie rufen – suchte sie draußen nach ihnen. Schnell kurbelten sie die Fenster hoch und duckten sich auf den Sitzen. Ihre warmen jungen Körper berührten sich, als sie lachten. Es funktionierte nicht. Sie dachte nicht daran, in das Auto zu schauen. Sie kurbelten die Fenster herunter und riefen sie.

Sie stand still da und starrte sie eine Minute lang an, so als ob sie ihren Augen nicht traute. So nahe waren sie, und sie hatte sich geängstigt. Ihre Mundwinkel verzogen sich, als sie sie kalt und ernst anblickte. Es war ein Blick, der die Schmerzen der Bestrafung ankündigte, bevor die Rute auf ihrer Haut brannte.

Sie sahen sie an und spürten das Brennen. Sie verschlossen die Fenster dicht, selbst die kleinen Ritzen, durch die frische Luft kam, und durch die sie hören konnten, wie sie ihnen befahl, auf der Stelle herauszukommen. Trotzig und entschlossen weigerten sie sich nachzugeben, obwohl sie langsam Angst bekamen. Ihre Entschlossenheit wurde schwächer. Sie wussten, je länger sie in dem Auto blieben, desto härter würde die Strafe sein. Sie wollten einlenken, aber die besondere Kleine, die nicht Sister Rays Liebling war, konnte einer letzten rebellischen Aktion nicht widerstehen. Sie spukte direkt in die Richtung des strengen Gesichts. Nur das hochgekurbelte Fenster verhinderte, dass sie ihr Ziel erreichte. Schockiert öffneten die anderen die Türen und rannten, während sie da allein saß, und über die bevorstehende Bestrafung nachdachte.

6

Der Schrecken faszinierte sie. Sie wollte verstehen, was sie daran so erregte. In ihrer kindlichen Vorstellung war er immer mit Autos verbunden. Deshalb beschloss sie, niemals fahren zu lernen. Sie spielten auf dem Hof mit einer Vierjährigen. Sie hatten sie ermahnt, auf dem Bürgersteig zu bleiben, weg von der Straße. Niemand hatte daran gedacht, dass diese Wörter, Bürgersteig, Straße – so wie der Asphalt, aus dem beide bestanden – in der Vorstellung einer Vierjährigen zu einer einzigen großen Strecke verschmolzen. Sie lief auf die Straße, so als ob dort keine Autos kommen könnten. Sie hörte sie noch nicht einmal. Daher war es ein großes Glück für das kleine Mädchen, dass das Auto nicht sehr schnell fuhr, dass der Fahrer sie sah und abbremste, dass die Mitfahrenden laut riefen. Sie hatte Glück, dass die älteren Kinder ihren Namen schrien, zu ihr liefen und sie wegrissen. Sie stand da und hielt die Hand des Mädchens, das nicht einmal weinte. Der ganze Schrecken des Augenblicks hatte sich unausgesprochen in jeden Winkel ihres Körpers übertragen. Und sie erinnerte sich an den Schrecken, den sie empfand, an das Entsetzen in den Augen des Fahrers, des Beifahrers, den Schrecken, der kurz aufblitzte und dann verschwand. Die Szene wiederholte sich immer und immer wieder – die Geräusche, die quietschenden Bremsen, der Geruch, der Schrecken des Kindes, die verängstigten Eltern, die das Kind schlagen, um ihm zu vermitteln: Gehweg – Straße – Auto – Schmerz. Sie war fassungslos.

Sie fuhren sehr oft mit dem Auto. Es war eine Möglichkeit für die Familie, vor allem für ihre Mutter, aus dem Haus zu kommen. Sie fuhren herum, besuchten Familienmitglieder und schauten sich die Nachbarschaft an. Das in der Sommerhitze langsam fahrende Auto lullte sie immer in einen trancegleichen Schlaf ein, und sie vergaß seine Fähigkeit, ein Gefühl von Schrecken in ihr zu wecken. Doch wenn es plötzlich anhielt, wurde sie daran erinnert. Jeden Moment konnten die Bremsen quietschen, konnte das Kind in ihrem Innern überfahren werden.

Sie wohnten nahe den Eisenbahngleisen. Wenn sie in dem heißen Auto saßen, hinter dem schweigsamen Mann und der Frau, die so sehr bemüht war, sie zu unterhalten, zählten sie die Anzahl der Waggons. Sie stellten sich die Orte vor, an die der Zug sie bringen würde. Sie versanken im Klang der Signalpfeife, als würde sie jedes Abenteuer und die Rückkehr davon versprechen. Züge waren ohne Schrecken. Sie konnten dich überall hin- und wieder zurückbringen, sicher, am Stück, in einem Körper. Wenn sich die Züge näherten, blinkten rote Warnlichter. Doch sie funktionierten nicht immer auf der Seite der Stadt, wo die Armen und Ungewollten lebten.

Sie wusste nicht mehr, ob an jenem Tag die Lichter blinkten. Sie erinnerte sich jedoch, dass sie über die Gleise fuhren, als der Wagen plötzlich zum Stehen kam. Sie warteten, während ihr Vater versuchte, das Auto wieder in Gang zu bringen. Sie hörten, wie er immer wieder den Zündschlüssel betätigte und dabei etwas murmelte, das den stummen anderen, die immer besorgter und ängstlicher wurden, nichts erklärte. Er stieg aus und öffnete die Motorhaube, um das Problem zu finden und es zu beheben. Sie blieben sprachlos und durstig sitzen, und ihre vor Angst trockenen Münder fühlten sich an wie Sand in der Wüste. Sie saßen da und sehnten sich nach einem Zirkus und Vanilleeis, schweigend nur, weil sie Angst vor Bestrafung hatten. Sie fürchteten, dass jeden Moment die Züge mit all den Waggons, die sie so mochten, mit ihren hellroten Schlusslichtern, die auf sie wie Siegeszeichen wirkten, nicht die Zeit haben würden, für ein liegengebliebenes Auto anzuhalten. Sie konnte niemals sagen, ob sie den Zug kommen sah, nur, dass sie ihn fühlte, den Schrecken, der in ihr hochstieg wie eine mächtige Flut, die alle Überreste liebender Beobachtender wegspülte. Dieses Gefühl des Schreckens verband sich mit dem des Staunens, als sie sah, wie ihr Vater sich rennend in Sicherheit brachte, sah, wie er neben den blinkenden roten Warnlichtern stand.

7

Ihrem Bruder stand sie am nächsten. Sie waren nicht nur wenige Monate auseinander, sondern sahen sich auch ähnlich. Sie schienen Zwillinge zu sein, obwohl er älter war. Wie Zwillinge teilten sie die gleichen Träume und Sehnsüchte, die gleiche Anhänglichkeit zueinander. Seltsam genug, dass es ein Spielzeug war, das sie voneinander trennte, das ihnen unterschiedliche Rollen und verschiedene

Identitäten aufzwang. Sie erinnerte sich an das Spielzeug – ein leuchtend roter Wagen. Sie teilten sich den Besitz, aber mit ungleichen Rollen und Beziehungen dazu. Sie sollte in dem roten Wagen sitzen, während er ihn zog. Das lag daran, dass sie ein Mädchen war – eine Prinzessin, die von einem reichen Prinzen gesucht und zu seinem Palast gebracht wurde, wo sie für immer im Prunk leben sollte. Er sollte den Wagen ziehen, weil er ein Junge war – ein Prinz, der all die schweren Aufgaben lösen musste. Drachen erschlagen, mit schleimigen Kreaturen kämpfen, die dicken, hässlichen Männer herausfordern, damit er seine schöne Prinzessin nach Hause führen konnte. Er zog sie nie weiter als bis zur Straßenecke. Dabei beschwerte er sich bitterlich darüber, wie schrecklich es war, sie ziehen zu müssen. Er wollte auch in dem roten Wagen sitzen. Manchmal weinte er. So sehr wünschte er sich, auch einmal gezogen zu werden.

Ihr machte es nichts aus, ihn zu ziehen. Doch die Erwachsenen wie Papa, ihr Urgroßvater, fanden es nicht richtig, dass sie den großen Jungen in dem Wagen zog. Als sie endlich genügend Mut aufbrachten, um die Ecke zu fahren, warf er sie sofort raus, und verlangte, gezogen zu werden. Ihre Beine waren kurz und dick, seine waren lang. Sie konnte ihn nicht so schnell ziehen, wie er wollte. Doch er verlangte es und beobachtete mit Freude, wie sie sich mit ihren kleinen pummeligen Beinen abmühte, ihn in dem Wagen zu ziehen, schneller und immer schneller, sich abstrampelte, ihm die schnellste Fahrt von allen zu ermöglichen. Das machte ihn glücklich, so glücklich, dass er nie abwechseln wollte. Immer wieder sollte sie ihn ziehen. Sie begann deshalb, ihre Rechte als Mädchen zu behaupten, ihm zu sagen, dass er der Junge sei und sie ziehen sollte. Er hörte selten auf sie, also drohte sie, dies den Erwachsenen zu erzählen. Er sagte immer, „Tu's doch", und wusste die ganze Zeit, dass sie das nicht machen würde, denn sie wollte auf keinen Fall, dass er bestraft würde. Wenn er bestraft würde, wollte sie auch bestraft werden; selbst wenn man sie nicht bestrafen sollte, würde sie mit ihm weinen. Manchmal fiel es ihrem Vater und Urgroßvater auf, dass der Junge das Mädchen selten in dem Wagen zog. Dann standen sie vor ihm und erklärten in scharfem Ton, er sei der Junge und müsse das machen. Wenn er sich nicht so verhielt, wie Jungen sich verhalten sollen, würden sie ihm das Spielzeug wegnehmen und dem Mädchen geben, die es dann nicht mehr mit ihm teilen müsse. Sie stand dann immer im Hintergrund, hörte zu. Wenn sie allein waren, wartete sie darauf, dass der Junge ihr sagen würde, wie sehr er sie hasste, hasste, hasste, weil sie ein Mädchen war.

Als sie größer wurde, erinnerte sie sich nicht daran, warum der rote Wagen so wichtig gewesen war. Später fand sie heraus, dass es den roten Wagen ihrer Erinnerung niemals gegeben hatte. Sie durchsuchte Schachteln mit alten Schwarz-Weiß-Fotos und fand viele, auf denen sie als pummeliges, ernsthaftes Mädchen in einer Schubkarre saß. Ihr Bruder hielt die Handgriffe fest, als ob er sie jeden Moment auskippen würde. Auf den Fotos sieht der Junge sehr glücklich und selbstbewusst aus. Sie wirkt ängstlich, unsicher. Als sie sah, dass das Spielzeug ihrer Erinnerung eine Schubkarre war, konnte sie sich all die Schrammen und die schmutzigen und zerrissenen Kleider erklären. Sie hatte niemals verstanden, wie sie aus einem Wagen hatte fallen können. Aus einer Schubkarre war das schon möglich. Sie konnte auch die Freude, die Sehnsucht und die ständige Traurigkeit des Jungen verstehen.

Niemand konnte ihr sagen, was mit der roten Schubkarre passiert war. Niemand wusste, ob sie noch im Haus von Papa, ihrem Urgroßvater, war. Sie konnte sich nicht erinnern, irgendwo anders damit gespielt zu haben. Er wohnte in einem Stadtteil, in dem es Bürgersteige gab. Vielleicht hatten sie deshalb nur dort damit gespielt. Vielleicht war sie verschwunden, weil sie sich ständig darüber gestritten hatten, vielleicht wegen des Gejammers des Jungen. Vielleicht hatte er sie verschwinden lassen.

8

Wir lernen früh, dass es für eine Frau wichtig ist, zu heiraten. Wir verheiraten immer unsere Puppen mit jemandem. Er ist natürlich immer unsichtbar. Das war so, bevor sie Ken für Barbie machten. Eine von uns hat eine Barbie-Puppe zu Weihnachten bekommen. Ihre Haut ist nicht weiß weiß, sondern fast braun. Das liegt an der Sonnenbräune, die sie ihr aufgemalt haben. Wir wissen, dass sie weiß ist wegen ihrer blonden Haare. Die neue Barbie hat eine Glatze und viele Perücken in verschiedenen Farben. Wir verbringen Stunden damit, sie anzuziehen und wieder umzuziehen und tun so, als hätte sie eine wichtige Verabredung. Wir wollen neue Kleider für sie nähen. Wir wollen die Outfits kaufen, die nur für sie angefertigt wurden und die wir in den Geschäften sehen. Doch die sind zu teuer. Manche kosten so viel wie die Kleidung für echte Leute. Barbie ist alles andere als echt. Deshalb mögen wir sie. Sie macht nie Hausarbeit, spült kein Geschirr und hat auch keine Kinder, um die sie sich kümmern muss. Sie kann den ganzen Tag damit verbringen, von allen Kens der Welt zu träumen. Mama lacht, wenn wir ihr sagen, dass es mehr als einen Ken für Barbie geben sollte, Joe, Sam, Charlie, Männer in allen Gestalten und Größen. Wir glauben nicht, dass Barbie eine Freundin haben sollte. Wir wissen, dass Barbie geboren wurde, um allein zu sein – dass die Frau in den Fantasy-Geschichten, das Soap-Opera-Mädchen, das Mädchen in *True Confessions*, die Miss America geboren wurden, um allein zu sein. Wir wissen, dass sie nicht so ist wie wir.

Meine Lieblingspuppe ist braun, braun wie helle Milchschokolade. Es ist eine Babypuppe, und ich gebe ihr einen Babypuppennamen, Baby. Sie ist fast so groß wie ein richtiges Baby. Sie hat keine Kleider. Nur eine rosa Windel, die mit kleinen, goldenen Nadeln festgesteckt ist, und eine Plastikflasche. Ihr lippenstiftroter Mund ist leicht geöffnet, und wir können die Flasche hineinstecken. Wir füllen sie mit Wasser und warten darauf, dass es durch die kleine Öffnung zwischen Babys Beinen wieder herausläuft. Wir wechseln ihre Windeln, aber das langweilt uns schnell. Wir verlieren die Flasche, und Baby kann nicht mehr trinken. Aber wir lieben sie dennoch. Sie ist die einzige Puppe, die wir nicht kaputtmachen. Barbie haben wir verloren. Einer anderen Puppe haben wir das Bein gebrochen. Einer alten Puppe haben wir den Kopf aufgebrochen, um zu sehen, was das weinende Geräusch macht. Das kleine Ding darin ist nicht interessant. Es tut uns leid, aber da kann man nichts machen. Selbst Mama kann sie nicht mehr reparieren. Sie sagt uns, wenn wir so unsere Babys behandeln, hofft sie, dass wir nie welche bekommen. Sie lacht über unsere nachlässige Elternschaft. Manchmal zeigt sie uns, was wir tun sollen. Auch sie hat Baby schrecklich gern. Sie sagt, sie sieht einem echten Neugeborenen so ähnlich. Einmal kam sie nach oben, sah Baby unter den Decken und wollte wissen, wer das echte Baby von unten mitraufgebracht hatte.

Sie liebt es, uns die Geschichte von Babys Geburt zu erzählen. Sie erzählt uns, dass ich, ihr Problemkind, keine weiße Puppe zum Spielen wollte. Ich verlangte eine braune Puppe, die so wie ich aussah. Nur Erwachsene denken, dass die Dinge, die Kinder sagen, aus dem Nichts kommen. Wir wissen, sie kommen aus unserem tiefsten Selbst. Tief in meinem Innern hatte ich begonnen, mir Gedanken zu machen über all die liebevolle Fürsorge, die wir rosa und weißen, fleischfarbenen Puppen schenkten. Sie bedeutete, dass irgendwo ganz oben in den Regalen verstaubte Schachteln mit ungewollten, ungeliebten braunen Puppen abgestellt waren. Ich dachte, sie müssten für immer dortbleiben, verwaist und allein, wenn nicht endlich jemand sie wollte, ihnen Liebe und Zuwendung gab, und sie mehr als alles andere wollte. Zunächst ignorierten sie meinen Wunsch. Sie jammerten. Sie sagten, weiße Puppen könne man leichter finden, und sie seien billiger. Sie erzählten mir nie, wo sie Baby gefunden hatten. Doch ich wusste es. Sie war immer da, ganz oben im Regal, staubbedeckt – wartend.

9

Big Mama – für uns ist sie etwas Besonderes, einzigartig, einmalig. Wir wissen nicht, dass es noch andere Big Mamas auf der Welt gibt. Sie ist klein und dick. Wir können ihr direkt in die Augen schauen, obwohl wir noch Kinder sind. Wir wissen, dass sie alt ist, weil sie die Mutter der Mutter unseres Vaters ist, weil sie nicht lesen und schreiben kann, weil sie Tabak kaut und Pfeife raucht. Wir wissen, dass Frauen vor langer, langer Zeit so etwas machten. Wir mögen die Pfeife und die Rauchringe, die sich in der Luft bilden. Es gefällt uns, ab und zu daran zu ziehen. Das Tabakkauen mögen wir nicht. Das bedeutet für uns, dass wir leere Kaffeedosen suchen und sie mit Zeitungspapier ausstopfen müssen, damit Big Mama reinspucken kann. Wir mögen diese behelfsmäßigen Spucknäpfe nicht. Sie erzählt uns, dass früher alle so welche hatten. Für uns ist sie die Einzige, die sie benutzt. Nach ihrem Besuch werfen wir sie schnell weg. Weil sie klein und dick ist, hat sie einen Stock als Gehhilfe. Wir glauben, dass ihre Freundlichkeit und Großzügigkeit damit zusammenhängen, dass sie dick ist. Sie schreit uns nie an und ist nie streng. Die Erwachsenen sagen, sie lässt uns machen, was wir wollen. Sie sehen nicht gerne, dass wir sie besuchen. Wir kommen verwöhnt zurück.

Wir lieben sie. Wir zeigen ihr unsere Liebe durch ständige Küsse und Umarmungen. Das scheint ihr zu gefallen. Sie lacht, wenn sie schreien, wir sollen das lassen und weggehen. Sie trägt Schürzen mit großen Taschen über ihren Kleidern. Unsere Hände sind ununterbrochen darin auf der Suche nach Süßigkeiten. Wenn sie in die große Stadt geht, um ihre Töchter zu besuchen, bringt sie uns immer diese besondere Leckerei mit, von der sie sagt, dass alle Leute in Frankreich sie essen und dass sie uns französisch machen würde. Die Süßigkeit hat wie die in unseren Träumen eine hellbunte Farbe, ist süß und mit Kokosnuss gefüllt. Sie ist die Einzige, die weiß, wo man sie bekommen kann. Es ist ihr Geheimnis. Wir wollen es nicht wissen. Es soll immer eine Überraschung sein, immer ein Geheimnis.

Bei ihr zu Hause kocht sie auf einem holzbefeuerten Herd. Sie sagt, dass sie sich nicht an so ein neues Ding gewöhnen könnte. Wir wechseln uns ab, Holz in das brennende Feuer zu legen. Feuer fasziniert uns. Ich will auf diesem Holzofen kochen. Ich will Daddy einen Kuchen backen. Zu Hause können wir keine Kuchen backen. Wir dürfen nicht in der Küche spielen. Bei Big Mama ist die Küche unser Zuhause. Sie misst ihre Zutaten nicht ab. Ich will wissen, ob sie sicher ist, dass wir alles richtig machen. Ich verstehe nicht, was es bedeutet, eine Prise hiervon und eine Prise davon. Wir machen immer wieder die Backofentür auf, um zu sehen, wann der Kuchen fertig ist. Sie warnt uns, dass er so zusammenfällt, sinkt wie ein Stein im Wasser. Als er fertig ist, sagt sie, wir sollen ihn vorsichtig und langsam aus dem Ofen nehmen. Wir sind zu aufgeregt. Wir lassen ihn fallen. Er fällt auf den Holzstapel und ist staub- und schmutzbedeckt. Ich möchte weinen und weinen und nicht aufhören zu weinen. Es ist mein erster Kuchen. Es ist ein Geschenk für Daddy.

Big Mama sagt, es gibt genug Zeit im Leben, um Kuchen zu backen. Sie erzählt uns, warum man über verschüttete Milch nicht weinen sollte. Wir lieben solche Erzählungen. Wir würden lieber nicht weinen. Gewöhnlich weinen wir aus Angst vor Strafe, wenn wir etwas verschüttet haben. Big Mama bestraft uns nie. Sie spricht immer beruhigend, ruhig und lacht zwischen den Worten. Wir lieben sie, weil sie nichts vor uns versteckt. Ihre Handtasche ist keine geheimnisvolle Frauenwelt, zu der wir keinen Zugang haben. Wir dürfen sie nach Cents und Pennys durchsuchen. Sie erzählt uns Geschichten über unseren Vater, als er noch ein junger Mann war. Sie schenkt uns liebevolle Erinnerungen an ihn als kleinen Jungen, der sie mit Händen und Füßen bediente wie wir es tun, der ihre Schürzentaschen durchsuchte, wie wir es tun.

10

Der Fernseher gehörte ihm. Er war sein Besitz und zu seinem Vergnügen da. Wenn er mit einer Dose Bier direkt davor saß, verschwanden allmählich die harten Linien, die gewöhnlich wie Schatten sein Gesicht bedeckten und ein glückliches Lächeln verhinderten. Sie starrten ihn dann gerne an und beobachteten die Veränderung. Sie sahen gerne, dass er Freude empfinden konnte, dass er nicht nur verhärtet war, nicht ganz aus Beton. Wenn sie ihm in den Weg kamen, während er fernsah, änderte sich plötzlich seine Stimmung. Dann kam seine harsche, wütende Seite wieder hervor. Meist brüllte er dann ihre Mama an, dass sie zu nachsichtig mit ihnen sei, dass sie ihnen nicht beibrächte, wie sie sich zu benehmen hatten. Dann regte Mama sich auf und schrie sie an, um zu zeigen, dass sie nicht zu sanft war, dass sie bereit war, sie zu bestrafen, dass die Strafe jede Minute kommen könnte. Wenn ihre Bestrafungen mal keine Wirkung zeigten, drohte sie ihnen damit, es ihm zu sagen: Wartet, bis Daddy nach Hause kommt.

Daddy kam nach Hause zu seinem Sessel, seinem Bier und seinem Fernseher. Er sah gerne Sportsendungen und feuerte seine Lieblingsmannschaft an. Samstag und Sonntag waren Sporttage. Das waren keine guten Tage für Kinder. Sie hatten keine Schule, niemanden zum Spielen und konnten nirgendwo hingehen. Es ging ihnen gut, solange sie Cartoons schauen konnten und er draußen war, sein Auto wusch oder im Schuppen arbeitete. Wenn die Sportsendungen anfingen, gingen sie nach draußen, aber nicht, wenn es regnete oder zu kalt war. Ihr schien, ihr Bruder hätte auch für drinnen alle Spiele, die Spaß machten. Er hatte Kaffeedosen und Einweckgläser voller Murmeln. Er breitete sie auf dem Boden in verschiedenen Mustern aus, und zielte mit seiner Lieblingskugel, seiner Glücksmurmel auf sie.

Der Vater war damit beschäftigt, das Spiel zu schauen, während der Junge mit seinen Murmeln auf dem Boden spielte. Sie wollte nicht mit ihren Schwestern spielen, sondern mit den Murmeln. Der Junge sagte nein. Sie hasste es, wie er als Junge seine Rechte durchsetzte und die Mädchen nicht mitspielen ließ. Sie dagegen mussten immer alles teilen. Wütend über seine Weigerung sie mitspielen zu lassen, drohte sie ihm, über die Murmeln zu laufen und sie in alle Richtungen zu verstreuen. Der Junge forderte sie heraus. Mama hatte sie schon entmutigen wollen und gesagt, sie solle ihn in Ruhe lassen. Der Vater hatte sich schon mehrmals von dem Spiel im Fernsehen abgewendet, um ihr zu befehlen, den Jungen in Ruhe zu lassen. Und das wollte er nicht noch einmal sagen müssen. Der Junge forderte sie wieder heraus. Sie zögerte nur ein paar Sekunden, bevor sie nach seinen Murmeln trat. Der Vater sprang aus seinem Sessel auf und fing an, sie zu schlagen. Weil er seine Hände, die er zum Arbeiten brauchte, nicht verletzen wollte, riss er ein Stück Holz aus dem Fliegengitter vor der Tür. Während er sie damit schlug, sagte er immer wieder: Habe ich dir nicht gesagt, von diesen Murmeln wegzubleiben. Habe ich es dir nicht gesagt? Die Mama schaute aus Angst vor seiner Wut zu; aus Angst, was er noch tun könnte. Doch sie wagte es nicht, ihn aufzuhalten. Die anderen wussten, dass sie sich nicht laut über diese Bestrafung freuen durften. Sonst wären sie die Nächsten gewesen. Sie freuten sich später und ärgerten sie, als er sie nicht hören konnte, als sie keine Angst mehr haben mussten, die Nächsten zu sein.

Sie wurde ohne Abendessen ins Bett geschickt. Sie sollte aufhören zu weinen, keinen Ton von sich geben, sonst würde sie noch mehr Prügel bekommen. Sie durfte nicht sprechen, und niemand durfte mit ihr sprechen. Sie konnte hören, wie er der Mama sagte, das Mädchen sei zu eigensinnig, dass sie lernen musste, zu gehorchen, dass dieser Eigenwille gebrochen werden musste.

11

Sie hat gelernt, vor weißen Leuten Angst zu haben, ohne zu verstehen, wovor sie sich fürchtet. Da ist immer ein Anflug von Bitterkeit, manchmal von Hass in den Stimmen der Erwachsenen, wenn sie von Weißen reden, aber nie eine Erklärung. Wenn sie in der Schule etwas über die Versklavung lernt oder in Geografie das Lachen hört, wenn sie Bilder von nackten Afrikaner:innen anschauen – mit der Unterschrift „Wilde“ – verbindet sie das nicht mit sich oder ihrer Familie. Sie und die anderen Kinder wollen verstehen, was Race bedeutet, aber niemand erklärt es ihnen. Ohne es zu verstehen, lernen sie, dass die Welt eher ein Zuhause für weiße Leute ist als für alle anderen, und dass Schwarze Menschen, die den Weißen am ähnlichsten sind, ein besseres Leben in dieser Welt haben. Sie haben eine Großmutter, die wie eine Weiße aussieht, und die in einer Straße wohnt, in der alle anderen weiß sind. Sie sagt ihnen, dass ein Schwarzer *nigger* ein nichtsnutziger *nigger* ist. Dass ihr Papa wie ein weißer Mann aussah, obwohl er ein *nigger* war. Sie erklärt ihnen nie, warum sie einen Mann geheiratet hat, dessen Haut die Farbe von Ruß hat. Sie spricht auch nie über die anderen wundervollen schwarzen Dinge, die sie lieben: Schuhcreme, Kohle, Frauen in schwarzen Unterkleidern. Sie kann es nicht erwarten, erwachsen zu werden und eine Frau zu sein, die schwarze Unterwäsche, schwarze Kleider tragen kann. Schwarz ist die Farbe einer Frau – das sagt ihre Mutter ihr. Das Recht, die Farbe Schwarz zu tragen, muss man sich erst verdienen. Sie können es nicht erwarten, dem Haus dieser Großmutter zu entfliehen, wenn sie eine von ihnen mit hasserfüllter Stimme *Blackie* nennt, mit einer Stimme, die zu sagen scheint: Ich kann deinen Anblick nicht ertragen. Sie wollen sich gegenseitig vor jeder Form der Demütigung schützen, können es aber nicht. Innerlich zucken sie zusammen, weinen und sagen nichts. Sie wollen nicht mit dem schwarzen, gelochten Ledergürtel, der an der Wand hängt, geschlagen werden. Sie kennen ihren Platz. Sie sind Kinder. Sie sind Schwarz. Sie sind so gut wie nichts.

Weiße Leute bedeuten ihnen wenig. Sie denken nicht an sie. Im Zentrum ihrer Welt stehen Schwarze Menschen aller Hautfarben. Sie glauben, dass Jesus, selbst wenn er weiß ist, Kinder versteht und sie respektiert. Nachdem sie die Worte eines Liedes gelernt haben, in dem es heißt, „Jesus liebt alle kleinen Kinder der Welt, rot, gelb, schwarz und weiß. Für ihn sind sie kostbar", singen sie den Erwachsenen dieses Lied immer wieder vor. Sie hoffen, dass sie zuhören und verstehen, dass Kinder kostbar sind, dass sie wertgeschätzt werden müssen. Niemand, egal ob Schwarz oder Weiß, scheint das zu verstehen, mit Ausnahme von ein paar alten Männern.

Dort wo sie leben, auf dem hügeligen Land, haben sie weiße Nachbarn. Die gehören nicht zu den guten weißen Leuten, zu denen, die dich mit zuckersüßem Lächeln ansehen. Sie sind arme Weiße, Cracker, diejenigen, die Schwarze Leute voller Verachtung und Hass betrachten. Kinder werden vor ihnen gewarnt. Sie sollen sich von ihnen fernhalten, so tun, als hörten sie nicht, was sie sagen, von ihren Höfen wegbleiben und auf keinen Fall ihre Häuser betreten. All diese Warnungen machen sie neugierig, und sie wollen mehr wissen. Sie gehen bei jeder Gelegenheit zu dem Haus der armen weißen Leute. Sie sehen, dass ihr eigenes Essen besser aussieht als das Essen dort. Sie sehen, dass diese weißen Leute kaum Möbel haben. Eines Tages gehen sie kurz vor Einbruch der Dunkelheit dorthin. Die weißen Leute essen Popcorn und trinken Bier. Sie hätten gerne etwas von dem Popcorn. Für einen Kuss bietet man ihr welches an. Ihr Bruder will sie davon abhalten. Sie gibt den Kuss und gibt ihm das Popcorn, denn sie schämt sich schon. Sie weiß es doch besser, weiß, dass Küsse für Freunde und andere, die man gernhat, bestimmt sind. Sie hat Angst vor der Geschichte hinter diesem Tausch. Weiße Männer, die Schwarze Mädchen und Schwarze Frauen nehmen. Sie verstehen das Wort nicht, das die Erwachsenen dafür benutzen: Weiße Männer, die Schwarze Frauen vergewaltigen. Nachdem er das Popcorn gegessen hat, versichert ihr Bruder ihr, dass er alles erzählen wird, sobald sie zu Hause sind, und dass sie bestraft werden wird. Während sie nach Hause eilt, durch die Dunkelheit rennt, hofft sie, dass die Strafe das Gefühl der Scham in ihr wegwischen wird.

12

Für Musikunterricht, wie für alles andere, musste man arbeiten, wenn man arm war. Als sie ihrer Mama sagte, sie würde gern Klavierspielen lernen, war niemand überrascht. Sie hatten ihre langen Finger und die Anmut, mit denen sie sie bewegte, bemerkt. Sie dachten schon an die Möglichkeiten, die eine Frau hatte, mit Musikunterricht oder als Kirchenmusikerin ein wenig Geld zu verdienen – Geld, Anerkennung. Doch sie konnten sich keinen Klavierunterricht leisten. Ihre Mutter verhandelte mit einer Musiklehrerin, die weiter unten in der Straße wohnte. Unterricht gegen Babysitting, Hausputzen, Einkäufe erledigen. Von Anfang an saß sie schweigend und unbeweglich vor den Tasten. Sie wusste, sie würde niemals spielen lernen, niemals eine Pianistin sein. Sie konnte ihnen ihre Gefühle nicht erklären. Sie würden darüber lachen, sie wegwischen wie einen Flusen, darauf treten wie auf kleine Käfer. Also behielt sie es für sich, versuchte es weiter, übte weiter. Sie hörte die Musik und konnte nichts empfinden, bearbeitete die Tasten, ohne etwas zu verstehen. Diese Erfahrung lehrte sie, dass es nicht genügte, sich etwas zu wünschen. Sie sehnte sich danach zu spielen, träumte davon, schöne Musik zu machen. Ihre erste Musiklehrerin – alt und gelangweilt von den Klängen der Kinder, die ihre Finger in die Tasten hauten – meldete sich krank. Der Unterricht musste ausfallen. Sie war insgeheim erleichtert, sagte es aber niemandem. Auch dann nicht, als die Mama sich nach einer anderen Lehrerin umsah. Auch dann nicht, als Miss Ruth Tandy, die hellhäutige pensionierte Lehrerin, die gegenüber von ihnen wohnte, ihr Interesse bekundete, eine neue Schülerin anzunehmen.

Miss Ruth Tandy interessierte sie. Sie lebte mit ihrer kranken Mutter in einem Haus mit vielen Zimmern. Ihr Mann, dem sie es verdankte, dass sie Mrs. genannt wurde, wenn sich jemand daran erinnerte, war kaum zu sehen. Einmal im Monat parkte sein Auto vor dem Haus. Nur ab und zu sahen sie den großen braunen Fremden, wenn er sich verabschiedete, mit seinem Hut in der Hand Mrs. Ruth Tandy vor der Tür küsste.

Der Unterricht in ihrem Haus war eine Qual. Sie saßen im Wohnzimmer, wo dunkle, schwere Vorhänge selbst den kleinsten Lichtstrahl davon abhielten, ihre Stimmung aufzuhellen, und warteten darauf, an die Reihe zu kommen. Ab und zu flüsterten sie und machten sich Notizen. Manchmal drohte Miss Tandy mit Strafe, wenn jemand lachte oder laut redete. Sie war das Kind, dessen Unterricht mit Arbeit bezahlt wurde. Deshalb konnte sie das Zimmer verlassen, um nachzusehen, was die Mutter der Musiklehrerin brauchte, um ihr ein Glas Wasser zu holen oder eine andere Decke oder einen kalten Waschlappen. Diese Arbeit machte ihr nichts aus. Durch die dunklen Zimmer zu laufen war wie ein Museumsbesuch. Alles war anders und fremd. Es war viel aufregender als der Unterricht. Als sie an der Reihe war, saß sie für einen Moment still da, wohlwissend sie würde niemals Mozart oder Beethoven sein. Dann hörte sie die scharfe Zunge der Musiklehrerin. Sie schnitt in ihren Rücken wie eine Peitsche auf der Haut von Versklavten in den Baumwollfeldern. Wenn sie einen falschen Ton anschlug, dachte sie an deren schmerzende Rücken, ihre trockenen Kehlen, die heiße Sonne. Sie wendete sich wieder

„Schwanensee" zu, als ein Bleistift ihr immer wieder auf die Knöchel schlug, so lange, bis sie richtig spielte, bis die Tränen nicht mehr flossen und sie gedanken- und gefühllos das Traumlied von Schwänen, von Prinzessinnen auf dem Wasser spielte.

Sie war die erste beim Vorspiel, stocksteif in ihrem neuen Kleid, voller Angst die falsche Note zu treffen, nicht die Erwartungen eines wohlverdienten Unterrichts erfüllen zu können. Doch als ihre Finger die Tasten berührten, vergaß sie sich selbst, vergaß ihre Fehler, und ließ ihren Händen die Freiheit, gleitende Schwäne zu sehen, die Freiheit, wunderschöne Musik zu machen, in dem Bewusstsein, dass sie nie wieder spielen würde.

13

Mama sagt uns, es ist in Ordnung, unsere Freund:innen zu lieben, aber sie sind nicht unsere Familie. Familie ist wichtiger als Freund:innen. Wir wissen, was Familie ist. Wir sind in einer Familie aufgewachsen. Wir hatten keine Freund:innen, die in unserer Nähe wohnten. Seit wir vom Land in die Stadt gezogen sind, hat sich alles verändert. Wir können mit all den anderen Kids von der Schule nach Hause laufen. Es gibt keine Busse. Niemand wohnt meilenweit entfernt. In der dritten Klasse ist ein Mädchen, von dem sie sagen, dass sie wie ich aussieht, bis auf die hellere Haut und ihre langen Haare. Vielleicht haben wir uns entschlossen, Freundinnen zu werden und für immer zu bleiben, weil wir uns ähnlich sehen. Sie liest wie ich gerne Bücher, ist gut im Unterricht und trägt manchmal eine Brille. Ich trage immer eine Brille. Saru ist verärgert, als sie sich beklagen und ihr sagen, dass sie Geld auftreiben muss, damit sie mir eine Brille kaufen können. Sie sagt, eine Brille würde mir nur meine Augen ruinieren und dass sie ein Heilmittel gegen Kurzsichtigkeit habe. Dieses Mal hören sie nicht auf sie. Ich habe einen Brief von der Schule nach Hause gebracht, in dem steht, dass ich die Schrift auf der Tafel nicht lesen kann. In der Arztpraxis schauen wir uns die vielen Reihen von Brillen an. Ich will die rechteckige schwarze, die fast die Form von Dominosteinen hat. Sie kauft die rosa Brille, die aussieht wie die Enden von Flügeln. Meine neue Freundin hat eine hübsche schwarze Brille, aber sie muss sie nicht immer tragen.

Rena wohnt bei mir um die Ecke. Als ich Mama zum ersten Mal frage, ob ich sie besuchen darf, will sie wissen, wer ihre Eltern sind und was sie machen. Ich weiß keine Antwort auf diese Fragen, und ich mag sie nicht. Ich will ja nicht mit ihren Eltern spielen. Ich wage nicht, sie zu fragen, warum es wichtig ist, etwas über die Eltern zu wissen. Sie könnte sonst böse werden und nein sagen. Sie sagt ja. Ich bin aufgeregt und ängstlich zugleich. Rena wohnt ganz am Ende der Younglove-Straße. Sie kommt zur Ecke Younglove und Vine, um mich zu treffen. Sie wohnt in einem Haus mit rosa Anstrich. Ich trau mich nicht, ihr zu sagen, wie sehr ich die Farbe Rosa hasse. Sie wohnt mit ihrer Großmutter und manchmal mit ihrer Mutter zusammen. Rena stellt mich ihrer Großmutter vor, und die will alles über meine Leute wissen. Das ist einfach. Als ich ihr erzähle, wer sie sind und mit Sarus Mutter anfange, sagt sie, dass Rena und ich wahrscheinlich Cousinen sind. Wir finden das aufregend, denn wir wollen ganz fest zueinander gehören. Wenn wir Cousinen sind, dann gehören wirklich zusammen.

Wir spielen Krocket im Hinterhof, trinken Limonade und reden über Bücher und Jungen. Wir sprechen über all die wunderbaren Dinge, die wir machen werden, wenn wir erwachsen sind. Sie wird Ärztin werden und kranke Menschen gesund machen, oder Lehrerin, oder eine Hausfrau mit zwei Kindern. Sie ist ein Einzelkind und sagt, dass sie sich manchmal einsam fühlt. Ich erzähle ihr nicht, wie einsam es sein kann, eine von vielen zu sein, vor allem wenn man nicht dazu passt. Stattdessen sage ich ihr, dass ich Bibliothekarin werden will, eine Schriftstellerin, und dass ich niemals heiraten werde. Sie lacht über meinen Entschluss niemals zu heiraten und sagt, dass ich das natürlich tun werde. Wir haben im selben Monat Geburtstag und planen, gemeinsam zu feiern. Später sagt Mama nein. Bei uns sind Geburtstagsfeiern für die Familie. Ich bin nur ein wenig enttäuscht. Als ich sie frage, ob Rena und ich wirklich Cousinen sind, meint sie, das könne sie nicht sagen. Sie kann sich nicht so weit zurückerinnern. Vielleicht weiß Saru etwas darüber. Saru weiß alles über die Vergangenheit.

Es ist egal, ob wir Cousinen sind oder nicht. Wir gehören zusammen. Selbst wenn Jungen uns sagen, sie mögen Rena mehr als mich oder mich mehr als Rena. Wir strecken ihnen die Zunge raus und gehen weiter. Wir verbringen unsere gemeinsame Zeit mit Lachen, dem Reden über Bücher und über die Zukunft. Jahrelang treffen wir uns an der Ecke von Younglove und Vine.

14

Nichts und niemand hatte sie auf den Tod vorbereitet. Tod, diese Schlange, der sie auf dem Schulweg begegnet waren, auf demselben Feldweg, den sie jahraus jahrein benutzt hatten. Tod, diese Spinne, die in die Augen ihrer schlafenden Mutter gebissen hatte. Tod, dieser Traum, den sie von der schlafenden Prinzessin hatte, der Prinzessin, die ihre Augen nicht öffnete, deren Gesicht farblos blieb, die sich nicht bewegte, bis er sie küsste. Gut, in ihrem Traum war der Tod nicht irgendein Geist, der die schöne Prinzessin umklammerte und im Schlaf hielt – Tod war, was in der Luft war, wie ein Geruch, der alles durchdrang, als all die kleinen Leute, die über dem leblosen Körper schwebten, dass er, dieser Prinz, der küssende Prinz niemals kommen würde, *dieser* Tod ließ sie protestierend aufschreien.

Zunächst kam der Tod mit Sister Rays Krankheit, die ja immer noch die Mutter ihres Vaters war. Sister Ray lebte allein. Als es ihr nicht gut ging, wie sie sagten, hatten sie keine Wahl. Sie mussten ihr anbieten, sie in ihrem Haus zu pflegen, so dass Mama, die Frau, von der sie immer gedacht hatte, sie hätte ihren Sohn nicht heiraten sollen, Mama, die von ihren Lügen und Geschichten verletzt war, sie pflegen konnte. Sie war immer um sie herum, fütterte sie, musste sie waschen, tröstete sie und wechselte ihre Bettwäsche. Diese Mama schickte ihre Kinder an einem Nachmittag ins Bett. Irgendetwas Schlimmes musste passiert sein, denn sie hatten noch nie nachmittags schlafen müssen. Ihnen war klar, dass etwas passierte, etwas

Schlimmes und Schmerzhaftes, schwer zu ertragen, etwas Schreckliches, schlimmer als Monster, Drachen oder Cowboys. Deshalb fielen sie in Schlaf, sobald ihre kleinen Körper in die vier Betten gesteckt worden waren. Sehnsüchtig näherten sie sich den Träumen, die sie trösten und wegtragen würden von der wirklichen Wirklichkeit, in der etwas geschah, dem man sich schwer stellen konnte.

Sie tat so, als würde sie schlafen, ohne ihre Augen zu fest zusammenzupressen, denn dann erkannten die Eltern, dass du ihnen etwas vorspieltest. Sie schloss sanft ihre Augen. Als die Mama dachte, sie würden alle schlafen, begann sie das Krankenzimmer aufzuräumen, in dem Sister Ray in dem großen Bett lag. Sie nahm eine der kleinen Waschschüsseln und wusch die bewegungslose Sister Ray. Für die noch nicht schlafende Sechsjährige, die gebannt dem Geschehen, das wie in Zeitlupe ablief, zusah, war es wie ein Fernsehdrama. Der Teil des Dramas, der sie am meisten faszinierte, machte keinen Sinn für sie. Sie konnte seinen Sinn nicht ergründen. Das war der Teil, in dem die Mama mit der Hand sanft von der Stirn bis zum Kinn über Sister Rays Gesichts strich und ihre hellen Augen schloss, die sie die ganze Zeit seit dem Beginn des Waschens angestarrt hatten.

Nur wenige Sekunden später, gerade als sie ihren Mut gesammelt hatte, um ein Geräusch zu machen, damit die Mama kommen würde, um zu sehen, was mit ihr los war, damit sie ihr eine Frage hätte stellen können, kamen die Männer, drei oder vier von ihnen. Dass es Männer waren, erkannte sie an ihrem Geruch, dieser seltsamen Mischung aus süßem Eau de Cologne und Alkohol. Sie konnte ihre Stimmen hören, bevor sie sie sah. Sie gingen durch das Zimmer, in dem die Kinder schliefen, und trugen etwas. Sie stützte sich auf, um zu sehen, was es war. Einer von den Männern, der nach Zigarettenrauch roch, wollte wissen, warum sie noch wach war. Sie ignorierte ihn. Sie ignorierte auch die Mama, die ihr sagte, sie solle weiterschlafen. Sie sah, wie sie den Körper von Sister Ray auf dem seltsamen beweglichen Bett festschnallten. Sie sah, wie es weggetragen wurde. Für sie war das alles befriedigend, einfach in Ordnung, diese Sache, die Tod genannt wurde. Danach fiel sie in einen tiefen Schlaf – überzeugt, den Tod niemals fürchten zu müssen.

15

Jeden Sonntag sitzt Miss Erma auf der dritten Kirchenbank. Niemand anderes sitzt jemals auf ihrem Platz. Selbst wenn sie zu spät kommt, bleibt er frei – groß genug für zwei Leute. Sie ist klein und rund wie unsere Big Mama. Sie geht am Stock und trägt lustige Hüte. Ich will nicht zu einer Frau heranwachsen, die komische Hüte trägt. Ich denke, wir sehen albern damit aus, albern wie Clowns, albern wie mit Papierhüten für Partys, albern wie an Halloween. Ich will nicht in die Kirche kommen und albern aussehen. Ich weiß, dass Kinder wie ich dann gaffen, lachen wollen, sich die Hand vor den Mund halten, die Augen verdrehen, sich ansehen, alles tun, um ihr Lachen zu unterdrücken. Wir bemerkten sie nicht wegen ihrer seltsamen Hüte, und auch nicht, weil für sie ein besonderer Platz freigehalten wird, sondern weil sie alt und seit langem ein Mitglied dieser Kirche ist. Sie ist eine ihrer Gründerinnen. Sie war von Anfang an dabei. Wir sitzen auf den Plätzen für den Kinderchor. Aus dieser Sicht ist es klar für uns, dass sie sehr alt sein muss, wenn sie von den Anfängen der Kirche bis heute dabei ist – älter, als wir uns vorstellen können.

Sie fällt uns auch während des Gottesdiensts auf. Kaum ist der Prediger an dem Punkt angelangt, an dem seine Worte unsere leidenschaftlich schlagenden Herzen erreichen sollen, schreit sie mit durchdringender Stimme mit einem langen Satz auf. Wir verstehen den ersten Teil davon, in dem sie sagt: Gottseidankdankjesus. Den zweiten Teil verstehen wir nicht. Das verwirrt uns und bleibt für immer ein Rätsel, bis wir älter werden und sie schon lange tot ist. Erst dann verstehen wir, ihre durchdringende Stimme und die Worte, die sie uns hinterlassen hat: Gott sei Dank und Dank sei Jesus für wahrhafte Religion. Obwohl wir wissen, dass man Gott in seinem Haus für alles danken kann, sind wir froh, dass das Geheimnis gelüftet ist. In unseren Herzen sind wir froh.

Ich kann mich nicht erinnern, wann diese kleine, rundliche Frau mit dem Gesichtspuder, der ihre Haut wie aschebedeckt scheinen ließ, das erste Mal zu mir sprach. Sie gehört zu denen, die dir sagen, sie hätten dich von Geburt an begleitet und gesehen, wie du aufgewachsen bist. Du versteifst dich in ihrer Umarmung, aus Angst vor dem, was sie gesehen haben könnte. Dein junger Körper bleibt für immer mit ihrem verbunden, so als ob sie gestorben wäre und man dich vergessen hätte. Zum ersten Mal sprach sie zu mir, als ich begonnen hatte, die Bibel für die Morgenandacht zu lesen, als sie meiner Stimme zuhörte, die sich sanft über das Klingen von Münzen und der Orgelmusik erhob – wie Rauch, der dahintreibt und sich dann niederlässt. Sie wartete auf mich nach der Kirche, um mich zu umarmen, um mir zu sagen, dass mein Lesen (wie der Gottesdienst des Predigers) auch den Weg zum Herzen gefunden und sich mit seinem Schlagen verbunden hatte. Deshalb wollte sie mir etwas geben, eine Geste ihres Vertrauens, dass die Stimme Gottes, die aus mir gesprochen und ihren Herzschlag berührt hatte, weitersprechen und sich in dieser Welt Gehör verschaffen würde. Sie sagt mir, ich soll meine Mama bitten, mich zu ihr nach Hause zu schicken. Ich besuche sie regelmäßig. Ich darf nie lange bleiben. Nur so lange es braucht, ein wenig zu reden und das Geschenk zu bekommen, die Geste ihrer Aufmerksamkeit. Ich gehe bald wieder nach Hause.

Ihr Haus ist sauber und luftig. Es erinnert mich an glänzende neue Münzen. Wenn ich hineingehe, berührt mich die Kühle wie Federn, wie diese strahlenden Vogelfedern auf den komischen Hüten. Ich folge ihr durch das Haus in die Küche, wo das Geschenk auf mich wartet. Es ist in einer Schachtel, einem kleinen Korb, einem Säckchen. Ich öffne es erst, als ich nach dem langen Weg wieder zu Hause bin. Es ist eine wundervolle und geheimnisvolle Liebe, die ich erst noch mit anderen teilen muss.

16

Dabei gewesen zu sein – in dem Moment, als sie zum ersten Mal die Kunst des Fotografierens entdeckten, als sie zum ersten Mal die Magie der schwarzen Kästen spürten; als sie sich zum ersten Mal einig waren. Nein, nicht mit Worten, aber mit der aufrechten Haltung ihrer Körper, so dass der Fotograf ihre Ähnlichkeit, ihre Kleidung und ihre innigen Blicke richtig einfangen konnte. Auf dem Schwarz-Weiß-Foto ist sie die Frau in einem blau-grünen Baumwollkleid mit winzigen Perlenknöpfen. Sie trägt keine Schuhe und ihr Haar hängt tiefschwarz herab, lang und glatt. So etwas macht die Kamera. Ihre Haare waren nicht gekämmt worden. Sie waren nicht zu den zwei Zöpfen geflochten worden, an denen ich diese Frau als die Großmutter, die ich immer kannte, hätte identifizieren können. Sie ist es, die mir klar macht, dass dieses Foto kein unschuldiger Akt ist, sondern der gefährliche, subtile, auf dem wir unsere Seelen auf den Weg der Auslöschung schicken. Wenn das nicht so ist, warum gelingt es dann den Fotografen, immer dann zu erscheinen, wenn die Volksgruppe am Aussterben ist, immer dann, wenn Traditionen ihre Kraft verlieren, wenn die Menschen vor Kummer blind sind. Sie sagt nein zu dem Fotografieren. Wenn alles verloren ist, machen die Bilder kaum noch Sinn. Wie die sprechenden Kisten fangen sie nur die Überreste ein, das, was vom Leben geblieben ist. Sie ist nur wirklich sie selbst, wenn ihre Haare gekämmt sind, wenn sie sitzt, anstatt zu stehen. Vor der Kamera steht sie nie.

Ich glaube ihr. Ich sehe das Schwarz-Weiß-Foto eines dicken Babys, das in einem rosa Kleid auf dem Bett sitzt. Ich weiß, das bin nicht ich und war es auch nie, denn dieses Baby hat keine Haare. Sein Schädel ist glatt und glänzt wie poliertes Silber und es hat jadegrüne Augen. Das kann nicht ich sein. Die Erwachsenen sagen, das wäre ich, ein glückliches, lächelndes Baby ohne Haare. Ich weiß, wer ich bin. Man sieht mich nicht auf dem Foto. Ich verstecke mich unter dem Bett in der Dunkelheit und warte darauf, dass das Kamera-Monster weggeht.

Ich glaube ihr. Sie lassen uns Kinder eine Ewigkeit lang stillstehen, während sie eine Aufnahme nach der anderen machen – Geburtstage, Ostersonntag, Weihnachten. Uns besorgt dieses Fotografieren. Kann es sein, dass sie sich nicht daran erinnern, wie wir aussehen. Kann es sein, dass sie so schnell vergessen. Kann es sein, dass sie sich über die Rettung unserer Seelen keine Gedanken machen.

Sie haben eine Kamera gekauft, die schon fast Farbbilder macht. Auf den Fotos wird man Blau und Rot sehen, die Muster auf unserer Kleidung werden hell sein. Ich will nie erwachsen werden, will für immer als Cowgirl reiten in dem Rock mit passender Weste und Hut, spitzen Stiefeln und mit einem Revolver. Ich kann mich gegen jeden Feind verteidigen. Ich kann gut schießen. Ich töte keine *Indians* – sie gehören zur Familie. Ich beschütze uns vor dem feindlichen weißen Mann. Ich kann gut schießen. Als sie mir sagen, ich soll erwachsen werden, meine Cowgirl-Kleidung wegwerfen, meinen Revolver und meine Stiefel abgeben, wende ich mich an den kleinen schwarzen Kasten. Seine Magie soll mich für immer so einfangen, damit ich meine Welt der Prärien, *indians* und Grenzen nie aufgeben muss. Sie kommen in der Nacht. Sie nehmen mir alles weg. Sie verbrennen es mit dem Müll. Ich trage die Erinnerung an ein Cowgirl in meiner Tasche. Sie ist schöner als ich jemals wieder sein werde. Ich vermisse den Revolver, das Hemd, die Weste, den Hut, aber ich weine wegen der Stiefel, der Kapitulation und Niederlage. Der schwarze Kasten lässt mich einen Blick zurückwerfen.

Ich stehe still, schmerzgebeugt und denke an das schöne Mädchen, das auf einem Pferd die Grenze entlangreitet und genau schießt. Ich lerne, still zu sein und gebe mein Leben dem schwarzen Kasten. Ich lerne zu kapitulieren.

17

Ich sitze neben Saru, während sie raucht, und lerne etwas über die Reservate, über indigene Frauen und darüber, dass hellhäutigere Schwarze Männer sie heiraten wollen. Sie erzählt mir, dass einer von ihnen, vielleicht ihr Vater, einmal dorthin gegangen sei, um eine Braut zu suchen; keine Weiße, sondern eine Frau mit einer warmen Hautfarbe wie Honig und mit glattem, tiefschwarzem Haar, schwärzer als die Haare weißer Leute. Saru erzählt mir, dass weiße Leute und selbst einige Schwarze sich lustig machen, wenn eine Person of Color sagt, sie sei zum Teil *Indian*. Doch sie sagt, dass es damals viele solcher Verbindungen gab, viele solcher Heiraten. Sie spricht traurig über dieses Bedürfnis mancher Leute, andere Menschen Teile von sich selbst verleugnen zu lassen. Sie sagt mir, dass Menschen sich tief im Herzen nicht wohlfühlen können, wenn sie die Vergangenheit ihrer Ahnen verleugnen. Dieses Nicht-Wohlfühlen im Herzen sei die Ursache vieler Schmerzen. Als sie ein kleines Mädchen war, erinnerten sich die Leute an ihre Heimat Afrika, konnten andere Sprachen als Englisch und wussten viel über das Leben, was weiße Menschen nicht verstanden. Sie sagt, sie hörten auf, über Afrika zu reden, weil die Weißen das so wollten. Saru denkt, dass Schwarze Menschen über ihre indigenen Verwandten reden konnten, weil sie diese in ihrer Gegenwart kannten und so ein anderes Erbe beanspruchen konnten als das der Versklavung. Sie erzählt mir diese Geschichten immer und immer wieder, damit ich sie nicht vergesse und einmal weitergebe.

Eine Geschichte stört meinen Schlaf. Ich erzähle ihr das nicht. Ich will nicht, dass sie das weiß. Ich habe Angst, sie könnte denken, ich wäre noch nicht so weit, noch nicht alt genug, die Geschichten zu hören. Diese Geschichte handelt von einer magischen Frau, die im Rauch lebt. Sie versteckt sich darin, damit niemand sie fangen kann. Rauch ist für sie, was Lehm für den roten Vogelgott ist. Sie kann aus dem Rauch viele Dinge machen. Mit seiner Hilfe verwandelt sie sich in einen Mann. Das muss sie, um ein Krieger zu sein, denn es gibt keine Kriegerinnen. Sie kämpft leidenschaftlich gegen ihre Feinde. Sie verstehen nicht, warum die Pfeile, die ihren Körper durchdringen, sie nicht zu Fall bringen können. Als sie sie lebend fangen wollen, nimmt sie den Rauch von überall her. Sie findet ihn in einem glimmenden Feuer, im Pulverdampf eines Gewehrschusses und in

Pfeifen. Sie verwandelt den Rauch in eine Schlange, die ihre Feinde verschlingt, manchmal auch in einen Raubvogel, einen Falken oder eine Eule und manchmal in einen schwarzen Wolf.

Im Schlaf habe ich die magische Frau in Schlachten kämpfen gesehen, wie sie ihre Pfeile auf einen Feind nach dem anderen schießt. Es ist dieser Teil des Traums, der meinen Schlaf stört, der Teil, den ich nicht Saru erzählen will – dass das Gesicht des jungen Kriegers wie meines aussieht. Ich starre in seine Augen, als blickte ich in einen Spiegel. Wenn Saru sich wieder in eine Frau verwandelt, sieht sie nicht mehr wie ich aus. Über diesen Traum zu schweigen, bedeutet, ihn nicht zu verstehen. Saru hat mir oft gesagt, dass Träume Botschaften sind, die uns die Schutzgeister senden, dass die Weisen lernen, darauf zu hören und ihnen zu folgen.

Als ich Saru von meinem Traum erzähle, von dem jungen Krieger, der in der Schlacht mein Gesicht trägt, sagt sie, das sei das Gesicht meiner Bestimmung, dass ich eine Kriegerin sein werde. Ich verstehe das nicht. Ich will nicht in Kriegen oder Schlachten kämpfen. Sie sagt, dass es viele Schlachtfelder im Leben gibt, und dass ich rechtzeitig die Wahrheit des Traums leben werde.

18

Saru nennt sie Die Menschen des ersten Schnee. Ich nenne sie *Indians*. Ich sage ihr, Wir lernen in der Schule, dass sie *Indians* sind, dass sie in unseren Büchern – wie die Afrikaner:innen – Wilde genannt werden. Sie sagt mir, dass wir zur Schule gehen, um die Ansichten des weißen Mannes zu lernen, um zu lernen, Teile unserer Selbst zu verleugnen. Sie ist stolz darauf, dass sie schon als sehr junges Mädchen von der Schule genommen wurde, um zu arbeiten. Ihre Welt ist in der Natur. Sie muss ihre Hände im Boden spüren, Erde berühren. Sie erzählt mir, dass sie das von ihrer Mutter geerbt hat. Von ihr hat sie gelernt, kleinen Tieren wie Kaninchen, Possums, Waschbären Fallen zu stellen. Das Fleisch von Waschbären mag sie nicht. Es ist zäh und fettig, selbst wenn es gepökelt ist. Wir beide essen gerne gebratenes Kaninchen. Von ihrer Mutter hat sie gelernt, Dinge wachsen zu lassen. Ihre Tomaten hängen rot und saftig an den Sträuchern. Sie sagt, das liegt an den guten Sachen, mit denen sie den Boden pflegt. Wir sind in ihrem Garten und ernten Bohnen. Ich bin müde, und mein Rücken schmerzt, aber sie lässt mich nicht aufhören. Von ihrer Mutter hat sie gelernt, wie man Würmer zum Angeln findet. Sie zeigt mir die dunklen, feuchten Stellen in der Erde, an denen wir tief graben können und wahrscheinlich Würmer zum Angeln finden. Wir halten sie in der Hand und beobachten, wie sie kriechen. Wir bewahren sie in mit Erde gefüllten Kaffeedosen auf. Einige Leute kommen vorbei, um eine Dose Würmer zu kaufen, wenn sie angeln gehen wollen.

Saru steht früh auf, um angeln zu gehen. Sie hat eine lange Bambusgerte und all die Würmer, die sie braucht. Als sie alt ist und keine langen Entfernungen mehr zurücklegen kann, läuft sie zum Bach. Sie finden sie dort zwischen den Würmern und ihrem Tagesfang liegend. Sie müssen sie nach Hause tragen. Sie sagen ihr, sie müsse lernen zu akzeptieren, dass sie alt ist. Sie weiß, dass sie alt ist. Sie denkt an die Zeit, als die Alten machen konnten, was sie wollten, in Frieden sterben und allein in der Welt sein konnten. Sie sagt mir, dass sie den Tod immer neben sich stehen sieht, wie er sie durch einen Vorhang beobachtet. Sie sagt mir, dass sie keine Angst hat und zu sterben bereit ist.

Jetzt, wo sie alt ist, spricht sie oft mit mir über Gott. Sie erzählt mir, dass der Glaube an Gott nichts damit zu hat, zur Kirche zu gehen. Ich höre gerne, wenn sie mir erzählt, wie sie zur Kirche ging und feststellte, dass die Leute sich vor allem für die Kleidung anderer und ihrer Begleitung interessierten. Sie beschloss, nie wieder dorthin zu gehen. Sie ist eine geistvolle Frau mit einer starken Sprache, eine Kämpferin. Sie sagt, sie habe diesen Kampfgeist von ihrer Mutter geerbt und dass ich ein wenig davon mitbekommen haben könnte. Aber es ist noch zu früh, um das zu sagen.

Wenn sie nicht kämpft, macht sie in aller Ruhe Quilts. Das Zusammennähen der kleinen Stoffstücke entspannt sie. Ihr Augenlicht ist nicht mehr das, was es einmal war, deshalb näht sie nicht immer, sondern nur am Morgen. In einem ihrer Zimmer gibt es verschiedenes Garn, Stoffe und eine alte Singer Nähmaschine, an der sie mit Händen und Füßen arbeitet. Ihr Haus hat viele Zimmer, Räume, die angebaut wurden, ohne an ihren Zweck zu denken. Im Nähzimmer zieht sie die

Auflage einer Federkernmatratze zurück, unter der mehrere Lagen von Quilts liegen. Ich wähle den, der mir am besten gefällt, den mit dem Davidstern-Muster. Sie erzählt mir, dass dies einer der ersten war, den sie als junge Braut gemacht hat. Ich stelle mir die Arbeit an jedem Teil des Sterns vor. Die verschiedenen Stückchen Baumwolle sind mit dem tiefen Gefühl ihrer Liebe zusammengenäht worden – mit ihrem Wunsch, diese Ehe glücklich zu machen, vollkommen und erfüllend wie der Quilt. Mit meinen Händen folge ich dem Muster. Sie sagt mir, Eine Frau lernt beim Quilten, geduldig zu sein.

19

Diese Tante von der Seite meines Vaters holt uns in ihrem großen Auto ab. Ich bin mir nicht sicher, ob ich zu ihrem Haus gehen will, aber dann komme ich trotzdem mit. Ich verdiene bei ihr etwas Geld mit Staubwischen. Nie ist sie zufrieden mit meiner Arbeit. Deshalb hasse ich es, dahin zu gehen. Ihr Mann lebt nicht mehr. Ich bin immer besonders sorgfältig, wenn ich sein Foto abstaube. Er sieht blendend und gescheit aus. Seine Lippen glänzen, als hätte er Lippenstift aufgetragen. Anders als andere Frauen interessiert sich Tante Charley nicht mehr für Männer. Sie befasst sich mit Gott, Klaviermusik und dem Schönheitssalon, in den sie ihre Küche verwandelt hat. Der Duft von gebratenem Speck vermischt sich mit dem Geruch von Fett und verbranntem Haar. Ihr Schönheitssalon ist kein Ort, an dem Frauen sich zum Tratschen treffen. Sie gestattet keinen Klatsch. Sie können in ihrem Haus über vieles reden, aber nicht über die Angelegenheiten anderer Leute. Sie sind schweigsam. Ab und zu erzählt eine von der guten Predigt, die Soundso am Sonntag gehalten hat.

Tante Charley redet gerne über Gott und die Bibel. Neben ihrem Ofen liegt eine Bibel mitten zwischen den Krügen mit Dixie Peach und Vaseline, nahe den Tabletts mit Kämmen aller Größen und Farben. Zu meinen Aufgaben gehört die Reinigung dieser Tabletts. Ich muss mich auf einen Stuhl stellen, um das ungewöhnlich hohe Spülbecken zu erreichen. Tante Charley ist eine große, kräftige Frau. Alles in ihrem Haus erinnert daran, dass es ihr gehört. In ihrem Haus entdecke ich den herrlichen Geruch der Ivory Seife. Bei uns zu Hause besteht die Seife aus dicken braunen Stücken, die eher wie Steine aussehen als etwas, mit dem sich jemand wäscht. Diese Laugenseife stammt aus Sarus Haus. Wir verstehen nicht, dass wir sie nicht benutzen, weil es die beste Seife ist, sondern weil sie kostenlos ist. Wir verstehen nicht, was Geld ist. Wir verstehen nicht, warum ein Stück dieser Ivory Seife so schnell verschwindet. Wir wissen, dass Laugenseife ewig hält. Wir sprechen darüber, dass wir keine Laugenseife benutzen werden, wenn wir groß sind. Wir werden die beste Seife haben, nur eine, die so wunderbar duftet. Ich werde nur diese milchweiße Ivory Seife benutzen. Wenn etwas zu süß riecht, kann ich nur schwer atmen und habe das Gefühl, einen Asthmaanfall zu bekommen. Der dezente Duft der Ivory Seife macht sie so besonders für mich. Wir würden nie auf die Idee kommen, die Reste mit nach

Hause zu nehmen. Wir stehlen nicht. Wir wissen es besser. Sie gibt uns nie etwas davon, obwohl sie hört, wie sehr wir die Seife bewundern. Ihre Kundinnen bezahlen Tante Charley sofort bar. Bevor sie gehen, dürfen sie ihre Hände mit der Seife waschen. Sie dürfen die sauberen Handtücher benutzen, die neben dem Waschbecken hängen. Wir waschen unsere Hände in einem anderen Teil des Hauses.

Nachdem alle Kundinnen gegangen sind, fegen wir den Boden. Wir wissen, dass man mit Haaren viele magische Dinge machen kann. Die Kundinnen wissen das auch. Manchmal bringen sie kleine, braune Papiertüten mit, in die sie ihre abgeschnittenen Haare stecken. Einige sagen, dass es die Haare wachsen lässt, wenn man die abgeschnittenen verbrennt. Ich wünsche mir, dass sie sie sofort verbrennen, denn es fasziniert mich, wie Haar brennt. Doch sie verbrennen sie nie sofort. Andere Leute achten darauf, ihre Haare mitzunehmen, damit kein Feind sie bekommt und für einen bösen Zauber verwendet. Tante Charley sagt, das ist alles Unsinn. Wir glauben ihr nicht. Wir wissen, dass es Magie gibt. Wir sammeln die Haare auf und bringen sie zum Müll. Alles wird verbrannt werden. Obwohl sie anderen ständig die Haare macht, liebt Tante Charley Perücken. Wenn sie beschäftigt ist, gehen wir gerne in ihr Schlafzimmer und probieren all die Perücken auf, die roten und die schwarzen. Wir können nicht verstehen, warum Frauen Perücken tragen, besonders dann nicht, wenn sie viel Haar haben. Perücken erinnern uns an Puppenhaar, an leblose Dinge. Wir wollen nicht tot aussehen.

20

Saru kann weder lesen noch schreiben. Sie hält das nicht für unwichtig. Sie hat nur nie Zeit dafür gehabt. Sie war immer beschäftigt. Sie lebt noch so wie in den alten Zeiten. Sie kauft nicht alles in den Läden. In ihrem Haus kann alles Mögliche passieren. Sie machen Laugenseife, Butter oder Wein. Sie drehen Hühnern den Hals um. Der Anblick ihrer ältesten Tochter, die, ohne mit der Wimper zu zucken ein Hühnchen durch die Luft wirbelt, unbeeindruckt von seinem Kreischen und den fliegenden Federn, überzeugt mich, dass Frauen den Männern in jeder Hinsicht gleich sind. Sie wäscht sich das Blut von den Händen ohne Gedanken daran, oder an den Geruch des Todes. Männer können so etwas auch. Sie drehen Hühnern nicht den Hals um. Sie jagen mit Hunden und Gewehren. Sie stecken ihre Beute ordentlich in einen Sack. Die Frauen werden sich um sie kümmern, sie zubereiten. Ihre Hühner wachsen im Hinterhof auf. Sie haben Namen, und einige mag sie besonders. Ich will wissen, wie sie es erträgt, etwas zu vernichten, dem sie einen Namen gegeben hat, für das sie etwas fühlt. Sie sagt mir, ihre Gefühle sind ehrlich, aber sie haben nichts mit der Bestimmung der Hühner zu tun. Sie züchtet Hühner, um sie zu essen. Das gehört zum Überleben. Sie ist dem Huhn, das sein Leben dafür hergibt, dankbar. Wenn ich meine Hände unter die Hennen halte, um Eier zu sammeln, freue ich mich sehr. Ich lege die Eier sorgfältig in meinen Korb. Ich finde es aufregend zu wissen, wo die Eier wirklich herkommen. Ich mag den Geruch im Hühnerstall und die Geräusche.

In Sarus Haus gibt es einen besonderen Raum für die Lebensmittelaufbewahrung – die Speisekammer. Das war der wichtigste Ort vor der Erfindung des Kühlschranks. Saru will die Veränderung nicht akzeptieren und bewahrt alles dort auf. Es gibt besondere Tage für das Einmachen, für die Lagerung von grünen Bohnen und Pfirsichen, für das Einlegen von Gurken und die Herstellung von Konserven. An solchen Tagen besuchen wir sie kaum, weil Mama es ablehnt, uns hinzubringen. Sie erträgt die Hitze in der Küche nicht, die Fliegen, den Geruch. Sie kann diese alten Methoden nicht ausstehen.

Für uns Kinder ist die Speisekammer äußerst wichtig, weil sie ein gutes Versteck ist. Ein kleiner Körper, der sich im Dunkeln zwischen Kartoffelsäcken und mit Nüssen und Trockenfrüchten gefüllten Jutesäcken versteckt, kann nur schwer entdeckt werden. Für die kleine Person, die sich dort versteckt, werfen die stillen Formen von geräuchertem Fleisch und ganzen Schinken manchmal große und beängstigende Schatten. Es könnten auch Leckereien in der Speisekammer sein. Sie schimpft mit uns, wenn wir dort spielen.

Lebensmittel sind in Sarus Haus eine ernsthafte Angelegenheit. Dort gibt es das Essen, dass ich am liebsten mag: grünes Gemüse, Maisbrot und gebratenen Mais. Sie macht ihr Maisbrot auf die alte Art und Weise, nicht mit Milch und Eiern. Sie mischt ein wenig Tierfett mit heißem Wasser und Salz. Dann wird der Teig frittiert. So haben die Alten ihr Brot gemacht, erzählt sie mir. Das geschmacklose, in Plastik verpackte weiße Zeug macht sie krank. Sie sagt, sie versteht, dass es den Leuten schlecht geht, wenn sie so ein Zeug essen, um zu überleben. Wenn sie in Geberlaune ist, macht Saru eine Pfanne gebratener Pilze. Das ist der köstlichste Geschmack der Welt, besser als jede Süßigkeit: Das ist ihre Spezialität. Sie backt keine Plätzchen, sondern so etwas wie eine Mischung aus Biscuit und Plätzchen, die sie Teekuchen nennt. In ihrer Küche hängen an Schnüren aufgereiht rote Paprika, die sie selbst gezüchtet und getrocknet hat. Sie sagt mir, das Beste am Leben in dieser Welt ist zu lernen, wie man Dinge zum Wachsen bringt. Ich schäme mich, wenn meine kleinen Pflanzen sterben.

21

Wir wissen, dass Kinder nicht unschuldig und gut auf die Welt kommen. Wir wissen, dass Kinder in der Lage sind, sich gegenseitig und selbst Erwachsene zu verletzen. Wir wissen, dass einige Kinder anderen gerne wehtun. Ich will niemandem wehtun. Ich will noch nicht einmal kämpfen. Sie tun so, als sei dies ein weiteres Zeichen dafür, dass ich nicht normal bin. Sie finden es normal, wenn Kinder sich beim Spielen gegenseitig wehtun. Ich will nicht spielen. Wenn man mich zwingen will zu kämpfen, will ich nicht spielen. Das Leben ist kein Spiel, und der Tod bedeutet mir etwas. Ich bin mir der Ernsthaftigkeit und der Bedrohung von allem bewusst. Ich reagiere. Auf der anderen Seite unseres Zauns wohnen Nachbarn mit Kindern. Ein Kampf zwischen mir und einem Mädchen, das so alt wie ich oder etwas älter ist, wurde vereinbart. Weil ich „wild" kämpfe, sollte es Spaß machen, zuzuschauen. Ich will den Kampf vermeiden, doch es gelingt mir nicht. Für das Spiel vergessen wir unsere Freundschaft. Die Schläge, die wir einander zufügen, tun weh. Das Blut, das aus unserer Nase fließt, ist rot und nass. Es ist nicht das Spiel-Blut auf Spielzeugsoldaten oder auf den Patienten, die die Puppenkrankenschwester versorgt. Der Kampf wird von den erwachsenen Nachbarn beendet. Sie schreien, wir sollen nach Hause gehen und dort bleiben. Ich bin froh, dass es vorbei ist. Ich bin froh, dass wir nicht mehr zusammen spielen dürfen. Monate vergehen, in denen wir auf unserer Seite des Zauns und sie auf ihrer Seite bleiben müssen. Langsam entwickelt sich unsere Freundschaft wieder.

Kampf unter Kindern ärgert die Erwachsenen nur, wenn jemand ernsthaft verletzt wird, oder wenn sie zum Arzt gehen und Geld bezahlen müssen. Sie werden auch ärgerlich, wenn Kleidung dabei zerrissen wird. Kleidung kostet Geld. Es gibt mehr Schlägereien, seit die Schulen nur für Schwarze Kinder geschlossen wurden und wir den langen Weg zu den Schulen in den weißen Wohngebieten zurücklegen müssen. In dem Park auf dem Heimweg von der Junior Highschool gibt es fast jeden Tag Streitigkeiten. Manchmal zwischen Schwarzen und Weißen, hauptsächlich aber unter Schwarzen. Eine jüngere Schwester ist ständig in Schlägereien verwickelt. Die Erwachsenen drängen sie, damit aufzuhören. Sie verstehen nicht, wie schwer das ist, wenn die anderen Kinder schubsen, drohen und beschimpfen. Den Erwachsenen ist das egal. Sie kümmern nur die Kleider und die Verletzungen, die Geld kosten könnten. Sie wollen nicht verstehen, warum es diese Auseinandersetzungen gibt. Ich war nie dabei.

Ich hörte nur davon. Ich habe nie etwas von den Ursachen erfahren. Ich habe es nie verstanden.

Zuhause dürfen wir nicht miteinander kämpfen. Mama sagt uns, dass sie keinen Haushalt voller Kinder führen wird, die sich hassen und bekämpfen. Sie wird das nicht dulden, selbst dann nicht, wenn sie uns alle umbringen müsste, um Frieden zu haben. Als ich eines ihrer anderen Kinder mit einem Messer bedrohe, protestiert sie nicht lange gegen unseren Kampf, sondern beendet ihn, indem sie mir mit den Konsequenzen droht, sollte ich eines ihrer Kinder verletzen. Sie denkt, ich sei verrückt und könne nicht fair kämpfen. Ich verstehe nicht, was fair bedeutet, wenn du kämpfst, weil jemand dich dazu zwingt, wenn du gar nicht kämpfen willst. Wir werden für unseren Kampf bestraft. Ich werde eher dafür bestraft, dass ich mich so verhalte, als ob die Kämpfe echt wären.

In der Schule wird ein Kind mit einem Ziegelstein auf den Kopf geschlagen. Sein Körper liegt still und bewegungslos da, bis die Erwachsenen kommen. Sein Kopf blutet. Sie warnen uns alle vor den Gefahren des Kämpfens. Sie tun aber immer noch so, als sei das normal, ein unvermeidbarer Teil des Lebens. Sie wissen nicht, was sie sagen sollen, als ein Kind ein Gewehr nimmt, das im Haus herumliegt, und ein anderes Kind erschießt. Sie hören, dass die zwei Jungen gekämpft hatten. Sie hören, einer sei ins Haus gerannt, habe das Gewehr geholt, auf den anderen Jungen gerichtet und ihn getötet. Sie hören, er habe gedacht, das Gewehr wäre nicht geladen gewesen.

22

In ihrem kindlichen Bewusstsein waren alte Männer die einzigen Männer mit Gefühlen. Sie tauchten nicht plötzlich auf und rochen nach Alkohol und süßem Eau de Cologne. Sie näherten sich wie Schmetterlinge mit schönen sanften Bewegungen und hielten nur einen Augenblick an. Sie freundete sich schnell mit ihnen an. Sie sprachen mit ihr, als ob sie einander verstanden, als ob sie gleich wären. Nichts stand zwischen ihnen, weder Alter noch Geschlecht. Sie waren die Männer mit brauner Haut und ernsten Gesichtern, die Diakone der Kirche, die rechte Hand Gottes. Sie waren die Männer, die weinten, wenn sie seine Liebe spürten, die weinten, wenn der Prediger von den guten und treuen Dienern sprach. Sie zogen zerknitterte Taschentücher aus ihren Taschen und vergossen ihre Tränen darin, so als würden sie Milch in eine Tasse gießen. Sie wollte diese Tränen trinken, die sie wie Milch ernähren und wachsen lassen würden.

Einer dieser Männer ging gebeugt, er hatte einen krummen Rücken. Die Erwachsenen runzelten die Stirn über sie, als sie fragte, warum er nicht aufrecht ging. Konnte er nicht gerade gehen? Hatte er das jemals gelernt? Sie antworteten nie. Jeden Sonntag las er die Bibelstelle für das Hauptopfer vor. Seine Stimme war brüchig wie Papier. Manchmal klang sie, als warteten seine Tränen schon darauf überzufließen, um die durstigen Kehlen ausgetrockneter Seelen zu benetzen. Sie konnte nicht verstehen, was er las. Nur ein Teil war klar. Es war, als hätte seine Stimme plötzlich eine Botschaft gefunden, die das Leiden lindert, eine Botschaft, die heller als jede Träne leuchtete. Es war die Stelle, in der es heißt: Man fordert nicht mehr von den Haushaltern Gottes, als dass sie für treu befunden werden. Er war einer der Getreuen.

Sie liebte seinen Anblick. Nach der Kirche ging sie zu ihm und blieb neben ihm stehen. Sie wusste, er würde ihr seine Hand geben, alte Knochen von faltiger Haut bedeckt, die sie an abgetragene Lederhandschuhe erinnerte. Sie hielt seine Hand ganz fest und wollte sie nie mehr loslassen. Mit leicht verstellter Stimme voller Tränen und Sehnsucht bat er sie, seine Hand loszulassen. Dabei sagte er die ganze Zeit, er würde sie ihr gerne überlassen, aber ohne seine Hand könne er sein Haus nicht bauen. Sie hörte ihn gerne über das Haus reden, an dem er schon seit vielen Jahren gebaut hatte. Es war ein Traumhaus, weit weg auf dem Land, mit Bäumen, wilden Blumen und Tieren. Sie wollte wissen, ob es dort Schlangen gab. Er versicherte ihr, dass bei ihrem Besuch die Schlangen aus ihren Verstecken kommen würden, nur um sie zu sehen. Sie würden für sie singen und auf ihren verzauberten Flöten spielen.

An dem Tag als sie zu seinem Haus ging, war es sehr, sehr heiß. Sie kam ganz allein. Langsam war sie die staubige Straße entlang- und den Hügel hinaufgelaufen, auf dem er auf sie wartete. Das Haus war so lustig, dass sie nicht aufhören konnte zu lachen. Es war halb fertig. Er gab ihr seine Hand, stark und braun. Sie sah ihn vor sich, sägend, hämmernd, Bretter zusammenfügend, in denen die Erinnerungen all seiner unerfüllten Träume waren. Sie konnte die Einsamkeit in dieser Hand sehen. Als sie ihm zuflüsterte, dass sie diese

Hand immer festhalten würde – es war seine rechte – weil in ihr die Einsamkeit aufbewahrt wurde wie eine getrocknete Frucht an einem kühlen Ort, verstand er sofort, was sie meinte.

Während sie auf den Stufen saß und ihm bei der Arbeit zusah, konnte sie ihn alles fragen, was sie schon immer über Menschen mit Behinderung wissen wollte. War er deshalb allein. War er deshalb nicht verheiratet? Hatte er deshalb keine Kinder? Ihre Fragen glätteten die Falten auf seiner Stirn, nahmen die Tränen aus seiner Stimme, belebten seinen Traum mit dem Versprechen einer Frau, die mit offenen Armen treu auf ihn wartete.

23

Kein Wein schmeckt so gut wie der, den Saru macht. Wir pflücken für sie die lila Trauben von den Rebstöcken in unserem Hinterhof. Da hatte Daddy die Weinlaube noch nicht abgerissen, um Fremde davon abzuhalten, auf den Hof zu kommen und die Trauben zu essen. Als wir die Weinlaube zum ersten Mal sehen, trauen wir unseren Augen nicht. Wir hatten noch nie gesehen, wie Wein wächst. Die Laube ist auch ein gutes Versteck, ein guter Ort zum Spielen. Wir können nicht glauben, dass er sie abreißen will. Er tut es. Saru findet anderswo Trauben für ihren Wein. Wir mögen nicht den Wein, den die Erwachsenen in Flaschen kaufen. Er schmeckt bitter, nicht süß fruchtig wie Sarus Wein. Sie lassen uns ein wenig davon trinken. Sie sagen uns, dass wir lernen müssen maßvoll zu trinken, wahrscheinlich, damit wir später nicht ungehemmt trinken. Wir wissen das, weil wir einmal in einer Wohnung über einem Nachtklub gelebt haben. Nachts, wenn wir schlafen sollten, hörten wir die Geräusche von trinkenden Leuten. Wir riechen auch den Alkohol im Atem unseres Vaters, in dem seiner Freunde, die uns küssen wollen und sagen, wie süß wir sind. Wir sind zu jung, um zu verstehen, was Trinken bedeutet. Wir sind nicht zu jung, um zu verstehen, dass sie Mama sagen, dies sei kein guter Ort, um Kinder großzuziehen. Wir sind nicht überrascht, als wir umziehen. Keine Musik mehr. Kein grelles Licht. Keine Geräusche von Trinkenden mehr.

Freitag ist der Tag zum Trinken. Es ist der Tag, an dem arbeitende Leute beginnen zu versuchen, sich etwas von der Freude zurückzugeben, die der Job ihnen genommen hat. Wir mögen diese Tage nicht, an denen die Menschen anfangen sich zu verändern, jemand anderes zu werden, als ob sie sich beweisen wollten, dass die weißen Leute nicht all ihre kreative Macht geraubt haben. Wir mögen nicht, wie sie sich verändern, denn die Zärtlichkeit, das Lächeln und das Lachen sind flüchtig und werden vergehen. Wir beobachten, wie die Erwachsenen lachend beginnen und weinend enden. Wir starren auf ihre Tränen. Wir sehen, dass sie Kummer haben. Wir vertrauen nicht den anderen Erwachsenen, die das alles beiseiteschieben und sagen, sie sind nur betrunken. Wir stellen uns vor, dass Trinken wie auf einem Drahtseil laufen ist.

Das Wort Alkoholiker hören wir nie. Obwohl wir wissen, dass es Frauen und Männer gibt, die ihre Schlucktüten überall mit hinnehmen. Wir wissen, sie verstecken Flaschen in den ordentlichen braunen Papiertaschen, die uns an frisch gebügelte Hemden mit gestärktem Kragen erinnern. Wir wissen, dass einige von ihnen schon am frühen Morgen anfangen zu trinken, dass sie nicht anders können. Saru sagt, sie hat das Trinken nie gemocht. Sie hat erlebt, dass es viele starke Männer zugrunde gerichtet hat. Sie ist es, die uns sagt, dass nicht alle Menschen auf die gleiche Weise zum Alkohol greifen. Sie sagt uns auch, dass die Weißen mehr trinken können als Schwarze oder indigene Leute, dass Trinken sie nicht wild oder verrückt macht. Wir werden vom Trinken verrückt, sagt sie. Sie zeigt dabei auf ihre Tochter, die in der Woche ruhig und geduldig ihrer Arbeit nachgeht. Nach ihrem ersten Schluck am Wochenende wird sie wütend, flucht und ist verbittert. Dann gehen ihr alle aus dem Weg. Sie akzeptieren, dass sie trinkt. Es ist ihr einziges Vergnügen. Sie versuchen nicht, ihr andere Freuden zu bereiten.

Wir beobachten, wie sie im Trinken versinken, als wäre es eine Federmatratze, als wäre es ein sauberer See wie der Blue Lake, ein See, der sie tragen und über Wasser halten würde. Wir lernen früh, nein zu sagen, wenn sie uns zum Laden schicken wollen mit einem Zettel, der irgendjemand dem Verlust näherbringt, bis sie sich nicht mehr daran erinnern, wer sie sind.

24

Sie hatte keine Angst, sich Gott hinzugeben. Sie war sich so sicher, dass er sie wollte, hatte nächtelang wachgelegen und sich gefragt, wann diese Seele wie eine reife Frucht sein heiliges Bett mit unverzeihlicher Lieblichkeit benetzen würde. Sie war sich sicher, ihr Glück darin zu finden, gewollt zu sein, lange bevor ihre Mama beschloss, dass es für sie und ihren Bruder an der Zeit war, in die Kirche einzutreten. Sie wusste, sie war bereit, eine Braut Gottes zu werden, bereit ihr Blut für seine Ehre und in seinem Namen zu vergießen. Mama gab ihnen ihre Anweisungen. Sie durften nicht am morgendlichen Gottesdienst teilnehmen. Wenn der Prediger mit sanfter Stimme all die Seelen, die sich nach Gott sehnten und ihn brauchten, aufforderte, zu ihm zu kommen und sich ihm hinzugeben, durften sie nicht antworten. Sie mussten auf die Erweckung warten, auf die besondere Woche, in der ein neuer Priester den Gottesdienst abhält. Dann gehen Kinder und Erwachsene Nacht für Nacht durch das Kirchenschiff und sagen ja, ja, ja – sie wollen erlöst werden. Nachts wälzte sie sich ruhelos zu dem Ja-Ja-Gesang im Schlaf – ja, sie wollte gerettet werden.

Als sie an die Reihe kamen, saß sie neben ihrem Bruder. Langsam wurde sie zu der kleinen Schwester, die sie für ihn und die Erwachsenen immer hatte sein sollen. Sie hatte Menschenmengen noch nie gemocht. Noch nie war sie vor einer Menschengruppe gestanden, die darauf wartete, dass sie ihre Geheimnisse preisgab, von ihrem persönlichen Treffen mit Gott berichtete. Ihre Beine schlotterten, als sie ihrem Bruder durch das Kirchenschiff folgte. Ihr Herz schlug schnell und laut. So laut, dass noch nicht einmal das Lächeln des Predigers – der ihre Hand nahm und sie fragte, ob sie den Herrn liebte, ihn als ihren persönlichen Retter annehmen und erlöst werden wollte – ihr die Sprache zurückgeben konnte. All die auswendig gelernten Zeilen, die schönen Worte, die ihre nächtlichen Zusammenkünfte mit Gott beschreiben sollten, ihre Spaziergänge mit ihm im Garten, wie sie auf ihn nahe den kleinen, rosa und weißen Rosenbüschen wartete, der feuchte Tau, der sich manchmal in ihrem Haar verfing, wie er ihr die Hände mit seinem Atem, der nach Heckenkirschen und Jasmin roch, gewärmt hatte – all diese Worte wollten nicht kommen. Anstelle von Worten gab sie ihnen ihre Tränen, dieselben Tränen, die seine Wunden benetzt und wie warmer Sommerregen seine Haut mit unendlicher Liebe gestreichelt hatten. Später, als ihre Mama sie fragte, warum sie da weinend wie ein Baby gestanden, nichts gesagt und ihren großen Mund nicht geöffnet hatte, weigerte sie sich immer noch zu sprechen. Sie sagte nicht, dass es heilige Tränen waren, Wasser, das Heilung und Erneuerung bringen würde. Sie wartete, bis sie ihm alles erzählen konnte.

Sie sollten weiß gekleidet sein, ganz weiß, alles, Kleid, Unterwäsche, Haube. Sie wollte, dass Gott sie sah, wie er sie immer gesehen hatte, nackt und braun, wie sie sich in der Dunkelheit bis zur Dämmerung bewegte, bis zu dem Ruf zum Morgengebet. Sie hatte Angst, er würde sie in weiß nicht erkennen. Sie schämte sich, ihm dieses Mal an einem so öffentlichen Ort zu begegnen. Sie war sich sicher, das wäre das Ende all der persönlichen Liebe, die sie teilten, das Ende ihrer geheimen Treffen. Langsam betrat sie die dunkle Kirche. Sie sah noch niemanden, doch hörte ihre Stimmen, die von getrübtem Wasser und dem Waten im Wasser sangen. Sie suchte nach einem Zeichen seines Gesichts in der Dunkelheit. Das kalte Wasser umschloss ihre zitternde Haut, nahm ihr die Fähigkeit ziellos umherzuwandern, suchend. Sie hatte nicht mehr die Freiheit zu suchen, zu kommen und zu gehen, wann immer sie wollte. Er hatte sein Netz in das Wasser gesenkt, um sie zu fangen, sie festzuhalten, um ihre Heiligkeit zu der seinen zu machen.

Die braunen Hände von Johannes dem Täufer ergriffen sie – Johannes, enthaupteter Freund und Geliebter. Er sprach mit der Stimme eines Fremden. Seine Worte in einer fremden Sprache. Er nahm sie, seine Schwester, und taufte sie im Namen des Vaters, des Sohnes und des Heiligen Geistes. Nur ihr qualvoller Schrei durchdrang die Dunkelheit im Wissen von diesem Verrat.

25

Kirchen auf dem Land waren die Orte, an denen die Leute bei der Religion außer sich gerieten. Sie sangen, schrien, beteten und lobten den Herrn in jedem Winkel. In diesen Kirchen gab es keine Klimaanlagen. Es war, als hielte der Herr sie davon ab, genug Geld dafür zu haben, damit sie ihre Sünden ausschwitzen konnten, damit die übergewichtigen Ladys in Ohnmacht fallen und die Kirchendiener diese Papierfächer austeilen konnten, auf denen die einzigen schönen gedruckten Bilder Schwarzer Menschen waren, die wir jemals sahen. Schwarze Geschäftsleute hatten diese Fächer gespendet – das Bestattungsunternehmen, der Taxistand. Wir wussten, dass Schwarze Leute nur für etwas bezahlten, das ihre Wirklichkeit spiegelte und nicht die Welt, in der andere lebten. Noch wilder als die Kirchen auf dem Land waren die Zeltversammlungen, die durchreisende Evangelisten von den Holy Roller Kirchen abhielten. Wir glaubten, dass sie vielleicht eher Evangelisten als Prediger waren, weil Frauen in ihren Gottesdiensten Sein Wort verkündigen und predigen konnten. In unserer Baptisten-Kirche hatten wir gelernt, dass Frauen nicht predigen durften, dass sie es nicht wert waren, Gottes geheiligten Ort, die Kanzel, zu betreten.

Wenn meine Füße anfangen, diesen Ort zu durchqueren, muss ich mich immer daran erinnern, hinter die Stuhlreihen zurückzugehen, weil ich weiblich bin, weil ich nie ganz heilig sein kann. Ich will in die Kirchen gehen, in denen Frauen predigen dürfen, wo Gott die

Frauen zu sich ruft, damit sie sprechen. Mama will, dass ich und wir alle uns davon fernhalten – sie will nicht, dass wir in Versuchung geraten oder verführt werden. Ich gehe trotzdem hin, wenn die Zeltzusammenkunft gerade bei uns um die Ecke ist. Sie sagt, Nur dieses eine Mal. Ich will ihr sagen, dass ich Angst habe, aber ich kann es nicht. Ich habe Angst, dass weil ich dorthin gehe, Gott mich rufen und bitten könnte zu sprechen. Dort reden sie in Zungen, in heiligen Sprachen, die niemand versteht. Ich will eine Gläubige sein. Ich will es mit eigenen Ohren hören. An dem Abend als ich hingehe, ist es besonders voll und besonders heiß. Der Prediger ist ein Mann. Ich bin enttäuscht. Er erzählt die Geschichte von den Wucherern im Tempel. Er sitzt mit gespreizten Beinen auf einem Stuhl, als ob es ein Pferd wäre, und bewegt sich damit durch die Kirche. Er winkt mit einem bunten Taschentuch und zeigt uns, wie Jesus die Ungläubigen aus dem Tempel vertrieb, aus seinem heiligen Ort. Ich beobachte das alles fasziniert, ungläubig. Gott hat es versäumt, mich zu rufen. Alle anderen sind bewegt. Ihre Füße stampfen auf dem Boden, die Kirchenstühle tanzen. Ich spüre, wie die Mauern mich umschließen, doch da sind keine Mauern. Ich spüre, wie auch ich aus dem Tempel fliehen will. Als ich mich bewege, glauben sie, der Geist hätte mich berührt, würde mich festhalten und zu dem Altar führen, wo alles niedergelegt werden muss. Ich laufe zu der Zeltöffnung und eile in der Nachtluft nach Hause – überzeugt, dass die Kirchen auf dem Land besser sind als solche alten Zeltversammlungen.

In den Kirchen auf dem Land wird man im Freien, im Bach getauft. So wurde mein Vater getauft. Sie hatten lange Zeit für seine ruhelose, ungläubige Seele gebetet. Die Seele eines erwachsenen

Mannes ist schwer zu bewegen, schwer zu berühren. Sie hatten für den erwachsenen Mann gebetet, für den Ehemann und Vater, dem es bislang nicht möglich gewesen war, seine Hand in die Hand Gottes zu legen, dem Mann, der nicht gerettet war. Ich frage mich, wie die Erlösung schließlich zu ihm kam. Ob die Mauern der Geschichte, Tradition und Familie sich plötzlich geschlossen und ihn so erschreckt hatten, dass er laut aufschrie und sie es dann wussten. Bei dem Klang seiner Stimme erkannten sie, dass er für die Erlösung bereit war, dass er als Fremder in das Wasser gehen und als Kind Gottes herauskommen würde. Seine Mama ist hocherfreut, dass er das Licht gesehen hat. Sie weint, als er in das Wasser geht, als sein Körper eintaucht im Namen des Vaters, des Sohnes und Heiligen Geistes. Ich beobachte das staunend und bin sicher, dass das Wasser ihn verraten und festhalten wird. Als er als ein neuer Mann wieder auftaucht, stimme ich nicht in die Siegesrufe ein.

26

Ich weiß nicht, was ich werden will, wenn ich groß bin. Nicht dass ich nicht groß werden wollte. Ich bin ein ständig trauriges Kind. Sie sagen uns, Kinder sollten glücklich sein, gerne nach draußen gehen und spielen. Ich lese lieber Bücher. In unserem Haus gab es immer Bücher, selbst als wir noch sehr klein waren. Ich erinnere mich daran, dass Daddy Taschenbücher und Krimis las. Ich weiß, er liest schmutzige Bücher, weil ich sie auch lese. Ich weiß, dass es Bücher von Schwarzen Autor:innen wie James Baldwin, Frank Yerby und Ann Petry gibt, weil deren Bücher im Regal stehen. Sie sagen mir, diese Bücher könne ich lesen, wenn ich älter bin. Nachdem wir vom Land in die Stadt gezogen sind, können wir in eine Bibliothek gehen. Wir bekommen eine extra Zeit dafür. Die habe ich am liebsten. Biografien lese ich besonders gerne. Ich lese über George Washington Carver, Mary McLeod Bethune, Booker T. Washington, Louisa May Alcott, Amelia Earhart, Abraham Lincoln. Wir dürfen keine Bücher mit nach Hause nehmen. Es fehlt das Geld, um sie zu ersetzen, falls sie verloren gehen. Ich bin eine gute Leserin, sorgsam mit Büchern und helfe in der Bibliothek. Ich nehme so viele Bücher mit nach Hause wie ich mag. Ich lese Laura Ingalls Wilders *Little House on the Prairie* and Alcotts *Little Women* – und jedes andre Buch von ihr. Ich entdecke etwas von mir selbst in Jo, der ernsthaften Schwester, die bestraft wird. Ich bin weniger allein in der Welt.

Mama kauft mir ein gebundenes Buch mit religiösen Geschichten. Sie hat es von einem Handlungsreisenden, einem weißen Mann gekauft. Die einzigen weißen Männer, die wir in unserem Viertel sehen, verkaufen etwas – Versicherungen und Waren. Daddy denkt, dass es Verschwendung ist, Geld für Bücher für ein Kind auszugeben. Mama glaubt, ich sollte ein gutes Buch zum Lesen bekommen, eines für mich ganz allein. Ich bin begeistert. Ich gehe von Tür zu Tür und lese Kranken und Leuten, die nicht aus dem Haus gehen können, vor. Das ist gute Missionarsarbeit. Das gehört zu einer Christin. Ich will keine Missionarin sein, ich will einfach nur lesen. Ich lese anderen gerne vor, aber am liebsten lese ich schweigend, allein in einem ruhigen Raum, nur ich und das Buch. Als ich zum Problemkind werde, geben sie den Büchern die Schuld. Sie lassen mich nicht lesen, bevor ich nicht all meine Arbeiten erledigt habe. Sie sagen, ich soll aufhören zu lesen und nach draußen zum Spielen gehen. Sie reißen mir das Buch aus der Hand und werfen es weg, weil ich nicht zuhöre, wenn jemand mit mir spricht.

Mrs. Mayes, eine pensionierte Lehrerin, besucht uns. Sie sagt, sie macht Frühjahrsputz und sortiert Bücher aus. Ich kann sie haben, wenn ich sie abhole. Ich mag den langen Weg zu ihrem Haus nicht. Ich kann nicht allein dorthin gehen und muss muss warten, bis jemand mit mir gehen kann. Als wir ankommen, hat sie die Bücher schon weggeworfen. Ich muss auf einer Holzkiste stehen, um sie aus dem Müll zu holen. Meine Hände sind staubig. Meine Schwester weigert sich, mir zu helfen. Im Müll sind Kartons mit winzigen Büchern mit dem Titel *A Little Leather Library*. Man kann sie in die Tasche stecken. Die grünen Ledereinbände sind trocken und brüchig geworden. Da sind Shakespeares Werke, Homer, Dickens und all die Romantiker. Die Romane von George Eliot, den Brontës, die Gedichte von Poe und Emily Dickinson. Wir haben schwer an den Kartons zu tragen. Sie riechen nach Schimmel und Moder, aber für mich sind sie ein Schatz. Der Druck ist so winzig, dass ich mir sicher bin, es wird Stunden dauern, jede kleine Zeile zu lesen. Aber ich bin bereit. Als wir nach Hause kommen, sagen sie: Noch mehr Müll. Aber sie sind froh, weil ich glücklich bin. Die Bücher sind eine neue Welt. Ich bin noch weniger allein.

27

Lügen sind wie Bomben, sage ich mir. Sie explodieren in der Luft und zerschmettern alles in Sichtweite, jeden Teil unseres Lebens. Ich will die Wahrheit sagen. Ich will sagen, wie es wirklich ist, aber wenn ich die Wahrheit sage, akzeptieren sie das nie. Es passt nicht zu dem, was sie hören wollen. Wenn ich Ihnen eine Lüge erzähle, wenn wir lügen, bestrafen sie uns. Die Bestrafung ist härter und grausamer als für andere Übeltaten. Es gibt eine Kunst des Lügens, die Kunst, seine Geschichte so zu erzählen, dass sie glaubhaft ist. Ich habe ein oder zwei Mal versucht, meine Geschichte zu ändern, aber es hat nicht funktioniert. Das Zittern meiner Lippen und meine unpassenden

Worte verraten ihnen immer mein Scheitern. Die anderen Kinder sehen mich verächtlich an. Ich kann nicht an den verschiedenen Täuschungsmanövern beteiligt werden, weil ich die Wahrheit nicht verbergen und die Bestrafung nicht vermeiden kann.

Wir lernen, dass es ein Wort gibt, für Leute die krankhaft lügen, die nicht anders können, so wie Menschen, die alkoholabhängig sind oder Tuberkulose haben. Das Wort hat mehr als vier, mehr als sechs Buchstaben. Wir vergessen schnell, wie man es ausspricht, aber seine Bedeutung bleibt haften. Es ist möglich, krankhaft zu lügen. Was wir nicht verstehen, ist, ob es möglich ist, diese Krankheit zu erben, ob sie in der Familie liegt. Wir hörten, wie die Erwachsenen sagten, diese Soundso ist eine unverschämte Lügnerin, gerade so wie ihr Daddy. Wir wollen all die inneren Geheimnisse einer Person ergründen, die lügt. Ob es sie erfüllt, ob sie zufrieden sind, wenn jemand ihre Lüge glaubt, so wie man sich nach einem guten Essen fühlt. Wir wollen wissen, ob es ein Machtgefühl ist, ob man sich wie ein Gott fühlt, der andere nach seinem Willen reagieren und handeln lässt. Dies sind, wie immer, unbeantwortete Fragen.

Wir können Erwachsene nicht für ihre Lügen bestrafen. Wir dürfen ihnen noch nicht einmal sagen, dass sie lügen. Als ich einmal ohne nachzudenken und ohne auf meine Worte zu achten sagte, dass Soundso sicher ein Lügner sei, wurde ich mitten auf den Mund geschlagen. Manchmal konnten wir hören, wie die Erwachsenen über die Prediger redeten. Wie sie da aufrecht in der Kanzel standen und logen. Darüber lachten die Erwachsenen. Das verwirrt uns, weil wir doch wissen, dass Gott die Wahrheit liebt. Wir verstehen nicht, warum diese guten Gottesmänner, die dastehen und lügen, nicht von einem mächtigen Blitz niedergestreckt werden, oder von einer anderen himmlischen Magie. Es ist verwirrend, seltsam und macht verrückt. Trotz dieser Verwirrung versuchen wir, ehrlich zu sein.

Manchmal werden einige von uns, selbst die, die geschickter im Erzählen von Geschichten sind, erwischt. Wie Menschenmengen, die kilometerweit reisen, um bei Hinrichtungen durch Erhängen, Enthauptung und anderen solchen öffentlichen Ermordungen oder auch bei Auspeitschungen dabei zu sein, stehen wir als Publikum, als aufgeregte Zuschauende dabei, wenn eine von uns bestraft wird. An einem Abend waren wir alle schon zu Bett gegangen, bis auf eine Schwester, die noch nicht vom Babysitting nach Hause gekommen war. Wir hörten, wie die Erwachsenen darüber sprachen, wo sie sein könnte und wann sie nach Hause kommen würde. Wir hörten die Sorge in der Stimme unserer Mutter und den Ärger in der unseres Vaters. Wir wussten, dass irgendetwas nicht stimmte, dass sie vielleicht nicht da war, wo sie sein sollte. Als sie endlich zu Hause ankam, waren wir froh. Wir konnten das Licht ausschalten und schlafen. Sie gaben sich nicht zufrieden. Sie wollten von ihr hören, wo sie gewesen war und was sie gemacht hatte. Irgendwo, irgendwie sickerte die Wahrheit hinter ihrer Lüge hervor wie Regenwasser durch ein unbekanntes Leck. Sie war fast nackt in ihrem Nachthemd als er sie schlug und dabei die ganze Zeit schrie: Lüg mich nie wieder an. Wir hassen die Lügen, die diese öffentliche Demütigung möglich machen. Wir hassen die Lügnerin. Wir können nicht schlafen, solange nicht alle Fragmente von dieser Bombe aufgesammelt und weggeworfen worden sind. In unseren Träumen ist der Vater der Mann, der Bomben in eine kleine Schachtel legt, damit sie nicht explodieren.

28

Zwei Schwarze Ärzte kümmern sich um alle in unserer Community. Ihre Praxen sind voller leidender Menschen. Es bleibt kaum Zeit für etwas anderes als Arbeit, obwohl ab und zu einer innehält, um etwas zu plaudern, um zu besprechen, was auch immer die Person bedrückt. Es gibt ein Schwarzes Krankenhaus. Wir gehen nur dorthin, wenn wir ernsthaft krank sind, denn es gibt nur eine geringe Anzahl an Betten und wenig Personal. Wenn ich zum Arzt gehe, nicht weil ich krank bin, sondern weil ich einen Erwachsenen dorthin begleiten muss, versuche ich, den Geruch von Desinfektions- und Reinigungsmitteln nicht einzuatmen. Er erinnert mich an Tod und Verfall, den er versteckt und verdeckt. Ich beobachte gern die Krankenschwestern. Für mich sind sie schön, intelligent und fähig – all das, was die Ärzte nicht sind. Ich glaube, das liegt daran, dass sie Frauen sind, und die Ärzte sind Männer. Die Krankenschwestern verbinden die Medizin mit dem Bewusstsein, dass sie menschliche Wesen mit menschlichen Bedürfnissen behandeln. Die Krankenschwester fühlt mit wegen meiner Asthma-Attacken, die mich nachts wachhalten, wenn ich allein im dunklen Esszimmer sitze und nicht atmen kann. Sie versteht, dass die Dunkelheit die Todesangst auf meinem Gesicht verbirgt, die Beklemmung in meiner Brust, die mir den Atem nimmt. Der Arzt berührt mich so wie ich einmal einen Frosch angefasst habe, den ich im Biologieunterricht mit einem scharfen, spitzen Gegenstand sezierte. Die ganze Zeit hindurch versuchte ich zu ignorieren, dass der

Gegenstand, den ich zerlegte, einmal ein lebendes, atmendes Froschleben im Wasser gewesen war und Geräusche gemacht hatte. Ich verschloss den Teil in mir, der verstand, dass der Frosch eine Seele hat, die nicht entwichen ist, obwohl er gestorben war, eine Seele, die Pflege braucht.

Im Biologieunterricht kann ich nicht mit der Seele des Frosches sprechen. Deshalb verleugne ich ihre Existenz. So wie der Arzt meine ignoriert, wenn er mich berührt, wenn er mich immer wieder auffordert, ein- und auszuatmen und seine kalten Hände auf meine Brust presst. Seine Hände sind kalt, weil er Angst hat. Er will sich vor dieser lebendigen Person verstecken. Er will nicht wissen, was mir wirklich weh tut. Er muss mich schnell untersuchen und sich dann anderen Patienten zuwenden. Das ist seine einzige Möglichkeit, ein gutes Leben zu führen und mehr Geld zu verdienen. Viele Leute werden ihn nicht bezahlen. Er behandelt sie dennoch. Er arbeitetet viele, viele Stunden. Die Müdigkeit und Verzweiflung sind ihm ins Gesicht geschrieben. Weil wir das sehen, verzeihen wir ihm, dass er kein Mitgefühl zeigt. Wir sind erleichtert, als er sich einen Tag freinimmt.

Wann immer möglich vermeiden wir es zum Arzt zu gehen. Wir versuchen, uns selbst zu Hause zu heilen. Gegen mein Asthma, sagt meine Großmutter, muss ich den wachsartigen Teil der Bienenwaben kauen. Die Honigreste in den Waben würden meine Schmerzen lindern. Gegen unsere Akne, sagt sie, sollen wir unser Gesicht mit Pipi waschen. Wir wollen dieses Heilmittel nicht ausprobieren, obwohl sie meint, dass es wirkt. Als mein Asthma nicht besser wird, muss ich zum Arzt gehen. In vielerlei Hinsicht bin ich ein Problemkind, immer Sorgen, immer krank. Der Doktor will mir eine Spritze in die Hand geben. Ich will das nicht. Ich will nicht, dass er meine Klavierhände berührt, meine langen, geliebten Finger. Ich verstecke sie in den Taschen, hinter meinem Rücken, halte sie so fest, damit er sieht, ich will nicht, dass er sie berührt. Er lächelt mich an und sagt, dass mir dieses Mal die Krankenschwester die Spritze geben kann. Ich strecke ihr meine Hände entgegen. Ich weiß, sie wird sich die Zeit nehmen, die Angst aus ihnen herauszustreichen, bevor sie die Nadel setzt.

29

Sein Geruch steigt mir wie der Duft des Glücks in die Nase. Mit ihm werden all die zerbrochenen Teile meines Herzens wieder ganz und Stück für Stück zusammengefügt. Er weiß immer, wann ich traurig bin. Dann fragt er mich, was sie mir schon wieder getan haben. Er weiß, dass ich ein verwundetes Tier bin, in dessen offene Wunden sie Salz streuen, nur um mich stöhnen zu hören. Er sagt mir, dass am Ende alles gut werden wird. Er sagt mir, Selig sind, die da Leid tragen, denn sie sollen getröstet werden. Seine Gegenwart tröstet mich. Ein rußschwarzer Mann mit tief eingegrabenen Linien im Gesicht, als ob jemand sie mit einem Messer darin eingeritzt hätte. Er ist Daddy Gus, Mamas Vater. Von ihr weiß ich, dass er immer freundlich und nie ein

Mann harter Worte gewesen ist. Ich brauche ihn in meinem Leben, um zu erfahren, dass nicht alle Männer schrecklich sind und gefürchtet werden müssen. Auch er ist einer der Getreuen, einer der Männer, die die rechte Hand Gottes sind. Wenn er spricht, höre ich sehr genau zu, was er sagt. Seine Stimme kommt von einem geheimen Ort des Wissens, einer versteckten Höhle, zu der die Heiler gehen, um Nachrichten von ihren geliebten Verstorbenen zu empfangen.

In meinem Traum laufen wir Hand in Hand zusammen weg. Wir gehen zu der Höhle. Um eintreten zu können, müssen wir uns zunächst völlig entkleiden. Wir müssen uns waschen und unsere Körper mit rotem Lehm einreiben. Wir bedecken uns damit so vollständig, dass wir nicht länger als Großvater und Enkelin zu erkennen sind. Wir treten ein, ohne Familienbande und ohne Erinnerung. Die Höhle ist mit Gemälden bedeckt, auf denen zu sehen ist, wie jedes Tier gelernt hat, dass es in uns allen einen Ort der Heilung gibt. Wir müssen ihn nur entdecken. Jedes Tier sucht und sucht, bis es die Öffnung zur Höhle gefunden hat. Sobald sie eintreten, vergessen sie alles und spüren nur noch Frieden. Sie spüren, dass sie nicht mehr blind sind, dass sie zum ersten Mal sehen. Es ist mehr, als das Herz ertragen kann. Sie stehen zusammen, weinen und schluchzen. Als wir die Höhle betreten, nehmen wir uns auch die Zeit zum Weinen, die Zeit, uns in der Trauer zu verlieren. Wir machen ein Feuer. In dem Feuer sind all die verlorenen Geister, die uns den Weg weisen, in dieser Welt zu leben. Ich habe noch keine Sprache, um mit ihnen zu reden. Er weiß es. Er spricht. Ich bin stumm, eine Zeugin. Im Traum verlassen wir schweigend die Höhle. Sobald wir das Freie erreicht haben, spricht er zu mir, ohne seinen Mund zu öffnen. Er pflanzt seine Stimme in meinen Kopf und sagt mir, dass das Wissen von der Höhle an alle weitergegeben werden kann, die suchend sind. Solange ich Suchende nicht von Neugierigen unterscheiden kann, soll ich nicht darüber sprechen.

Wir sind wieder Großvater und Enkelin. Ich besuche ihn oft. Er hat einen Lieblingsstuhl neben dem Ofen im Wohnzimmer. Als ich noch viel kleiner war, saß ich da und kuschelte mich in seinen Schoß wie eine Katze. Ich bewegte mich kaum, war kaum lebendig und so nah zu der Stille des Todes war die Glückseligkeit, die ich in seinen Armen fand. Sein Zimmer ist angefüllt mit Schätzen. Sobald er den Vorhang an der Tür zugezogen hat, damit andere uns nicht sehen können, erzählt er mir, dass alles mit Leben erfüllt ist und eine winzige Seele in sich hat – Dinge wie Taschenmesser, Münzen, kleine Bändchen. Er findet immer die Schätze, die andere verloren oder zurückgelassen haben. Er hört ihre kleinen Seelen in der Wildnis weinen. Er gibt ihnen einen Ort der Ruhe. In seinem Zimmer gibt es überall Schätze. Jeder Gegenstand hat eine Geschichte. Er lehrt mich, den Geschichten, die die Dinge erzählen, zuzuhören und ihre Geschichte wertzuschätzen. Er hat viele kleine Notizbücher mit schwarzem Einband und verblasstem gelben Papier. Ich lerne von ihm, dass diese Notizbücher dazu dienen, Erinnerungen zu bewahren. Er schreibt mit einem Geheimstift. Die Seiten scheinen von Asche bedeckt, der Asche, die das Feuer, das wir besucht haben, hinterlassen hat. Dieses Feuer, sagt er, brennt nun in uns.

30

Es gibt viel zu feiern am Alter. Ich will so schnell wie möglich alt werden, denn ich sehe, wie die Alten leben – frei. Sie haben die Freiheit, verschieden zu sein – einmalig –, sich voneinander zu unterscheiden. Sie sind sich nicht gleich. Einige von ihnen waren schon auf dem Weg alt zu werden, als ich geboren wurde. Ich kenne sie nicht als junge Menschen. Ich muss ihnen keine Fehler der Vergangenheit verzeihen. Sie haben mir keinen Kummer bereitet. Mein Großvater erzählt mir, dass alles, was er jemals wollte, war, dass die Welt ihn in Ruhe lässt. Doch sie lässt dich nicht in Ruhe, wenn du ein junger Mann bist. Die Welt verlangt von dir, für sie zu arbeiten, eine Familie zu gründen, sie zu versorgen und dass du dir nicht die Zeit nimmst, auf deinen Herzschlag zu hören. Er erzählt mir, dass er nicht viel von dem, was die Welt Männern zu bieten hatte, akzeptieren konnte, vor allem nicht das Geschäft des Krieges. Alle seine Söhne, die Soldaten geworden waren, hatten Teile von sich selbst verloren. Er erzählt mir, dass man einen anderen Menschen nicht töten kann, ohne etwas von sich selbst zu verlieren. Er erzählt mir, dass er nicht in den Krieg gezogen ist, dass er sich geweigert hatte zu kämpfen. Ich will mehr darüber wissen, warum er nicht eingezogen wurde, warum ihn niemand zum Dienst gezwungen hat. Er ist entrüstet, dass ich denke, er könnte gezwungen werden, irgendetwas gegen seinen Willen zu tun. Er sagt mir, dass niemand dich zwingen kann, etwas gegen deinen Willen zu tun.

Die Menschen in diesem Haus halten ihn für einen Feigling, für einen kleinen Mann, der in seinem Sessel zusammenschrumpft wie ein Schatten. Sie machen sich über ihn lustig, über seine Kleidung, seine Gewohnheiten. Sie halten all seine Schätze für Schrott. Sie haben nie ihre Herzen schlagen hören. Er hat seines gehört. Weil er diesen Ton mehr als alles andere hört, lässt er sich von ihrem endlosen Spott und ihren Attacken nicht aus der Fassung bringen. Manchmal greift er inmitten all dessen nach seinem Hut. Er geht langsam zur Tür und zeigt noch nicht einmal durch einen eiligen Schritt, dass er genug hat. Sie folgen ihm nicht.

Er macht Gelegenheitsarbeiten. Hauptsächlich arbeitet er für weiße Leute, für ältere Ladys, die aus ihrem Haus kommen, mit ihm reden, als sei er ein Zehnjähriger und verlangen, dass er den Rasen mäht oder den Müll leert. Er sieht ihnen nie ins Gesicht. Er schenkt ihnen keine Beachtung. Er sagt, sie sind nur Geister. Er glaubt nicht an Geister. Er arbeitet langsam. Sein Herzschlag gibt ihm den Rhythmus vor. An dem Tag, an dem sein Job darin besteht, im Hof einer weißen Frau in der Nähe Müll zu verbrennen, fühlt er sich müde und unsicher. Es windet. Er weiß, es ist kein guter Tag, um Müll zu verbrennen, aber er macht es dennoch. Er hört, wie sein Herz unbeständig in einem neuen Rhythmus schlägt. Er weiß, dass sein Ende nahe ist. Er will nicht gegen den Tod kämpfen. Er war nie ein Soldat. Er wird sich ihm freiwillig hingeben. Als die Flammen seinen Körper erreichen, bemerkt er es nicht. Er riecht nicht die brennende Kleidung. Er hat jede Erinnerung verloren. Er ist in die Höhle eingetreten. Sie bemerkt es – die weiße Lady. Sie bemerkt, dass in ihrem Hinterhof ein alter Mann mit einem Gesicht wie Ruß von Flammen umschlossen ist. Sie gerät in Panik und weiß nicht, wen sie anrufen soll, um einem alten Schwarzen Mann, der in Flammen steht, zu helfen. Sie ruft bei ihm zu Hause an. Ein Enkelkind kommt gerannt, springt über hohe Zäune, bricht durch Büsche und erstickt die Flammen mit seinen Händen. Dies sind die Hände der Liebe. Sie können alles tun. Er hat den Herzschlag dieses alten Mannes gehört. Seine Anwesenheit hat ihn getröstet. In diesem Moment kann er diese Liebe voll und ganz zurückgeben. Eine solche Ehre wird er nie wieder erfahren.

Sie müssen kilometerweit zu dem Krankenhaus fahren, in dem Verbrennungen behandelt werden. Die ihn lieben sitzen nahe bei ihm und hören auf sein Herz. Eine Person mit Verbrennungen stirbt oft nicht an den Flammen, sondern an einem Herzanfall, weil die Schmerzen so stark sind. Sein Herz lässt ihn nicht im Stich. Es weiß, dass das Feuer nicht sein Feind ist. Es weiß, dass es in den Flammen ein Geheimnis gibt, das andauert und ewig besteht.

31

Gutes Haar – so lautet der Ausdruck. Wir alle kennen ihn, hören ihn schon als kleine Kinder. Wenn wir zwischen den Beinen von Müttern und Schwestern sitzen, die unsere Haare kämmen. Gutes Haar ist Haar, das nicht kraus ist, Haar, das sich nicht anfühlt wie Bälle aus Stahlwolle, Haar, das nicht stundenlang gekämmt werden muss. Haar, das nicht tonnenweise Fett braucht, um es zu entwirren, Haar, das lang ist. Richtig gutes Haar ist glattes Haar, Haar wie das weißer Leute. Doch niemand sagt das so. Niemand sagt, Dein Haar ist so hübsch, so schön, weil es wie das Haar weißer Leute ist. Wir tun so, als wären die Maßstäbe, an denen wir unsere Schönheit messen, unsere eigene Erfindung – als wäre es eine Frage von Zeit und Geld, die uns zwischen gutem und schlechtem Haar unterscheiden lässt. Ich weiß seit meiner Geburt, dass ich Glück habe, Glück, überhaupt Haare zu haben, denn ich war die ersten zwei Jahre kahl, Glück dieses dünne, fast glatte Haar zu haben, Haar, das keinen heißen Kamm braucht.

Wir sind sechs Mädchen in unserem Haus. Wir haben eine verschiedene Haarstruktur, kurz, lang, dick, dünn. Diese Unterschiede gefallen uns nicht. Wir feiern nicht unsere Vielfalt, uns selbst. Wir fahren uns nicht gegenseitig mit den Fingern durch das trockene, gewaschene Haar. Wir sitzen in der Küche und warten bis wir an der Reihe für den heißen Kamm sind. Wir warten darauf, auf dem Stuhl neben dem Ofen zu sitzen, riechen das Fett und fühlen die Hitze auf unserer Kopfhaut wie eine drückende heiße Sommersonne.

Für jede von uns ist das Glätten unserer Haare ein wichtiges Ritual. Es bedeutet nicht, dass wir uns danach sehnen, weiß zu sein. Es ist kein Zeichen unseres Strebens nach Schönheit. Wir sind Mädchen. Es ist ein Zeichen unseres Wunsches, Frauen zu sein. Es ist eine Geste, die sagt, wir nähern uns dem Frausein – ein Übergangsritus. Bevor wir das richtige Alter erreicht haben, tragen wir Braids und Zöpfe als Symbole unserer Unschuld, unserer Jugend, unserer Kindheit. Da werden wir von Händen, die teilen, kämmen und flechten getröstet und von der Nähe und dem Glück. An den Samstagen, an denen das Haar geglättet wird, herrscht eine größere Intimität in der Küche. Fisch wird gebraten, Limonade herumgereicht, Soul Musik legt sich über die Gespräche. Wir sind Frauen zusammen. Dies ist unser Ritual und unsere Zeit. Es ist eine Zeit ohne Männer. Es ist die Zeit, in der wir uns gegenseitig unsere Bedürfnisse erfüllen und uns so schön machen, wie wir können. Es ist eine Zeit des Lachens und sanfter Gespräche. Manchmal ist es eine Zeit der Tränen und des Kummers. Mama ist wütend und hat von all dem genug. Sie zieht zu fest an den Haaren, benutzt zu viel Fett und verbrennt ein Ohr und dann das nächste.

Zunächst kann ich noch nicht an dem Ritual teilnehmen. Ich habe gutes Haar, das nicht geglättet werden muss. Ohne den heißen Kamm bleibe ich ein Kind, eines der Uneingeweihten. Ich flehe, ich bettle, ich weine, bis ich an die Reihe komme. Sie sagen mir, wenn du damit anfängst, wirst du es bereuen. Du wirst dir wünschen, du hättest dein Haar niemals geglättet. Sie verstehen nicht, dass es mir nicht um das Glätten geht, sondern um die Chance dazuzugehören, zu dieser Welt der Frauen. Endlich bin ich dran. Ich bin glücklich.

Glücklich, obwohl mein dünnes geglättetes Haar wie schwarze Fäden aussieht, kein Volumen hat und in die Luft steht wie die Enden von Stacheldraht; glücklich, obwohl der süße Geruch von nicht geglättetem Haar für immer vergangen ist. Insgeheim hatte ich gehofft, der heiße Kamm würde mich verändern und das dünne gute Haar in dickes, krauses Haar verwandeln. Ich hatte mir Haar gewünscht, das ich mag und nach dem ich mich sehnte, die Art von Haar, mit der man alles machen und das man in allen möglichen Frisuren tragen kann. Ich bin bitter enttäuscht von meinem neuen Aussehen.

Später, in der Senior Highschool will ich mein Haar natürlich tragen, in einem Afro. Ich will mein Haar nie wieder glätten lassen. Das ist für mich kein Initiationsritus mehr, nicht die Chance zu der Welt von Frauen zu gehören. Die Intimität maskiert den Verrat. Zusammen verändern wir uns. Die Nähe ist eine Umarmung vor der Trennung, eine Geste des Abschieds von der Liebe und voneinander.

32

In meinem Höschen ist ein weißer Ausfluss. Er kommt aus mir wie aus einer undichten Stelle, wie aus einem kleinen Leck in einem Wasserhahn, von dem man kaum merkt, dass es da ist. Doch der Wasserfleck erscheint immer wieder an derselben Stelle, nachdem man ihn abgewischt hat. Ich wische mich ständig ab, aber die Flecken gehen nicht weg. Immer wieder falte ich Taschentücher zu perfekten kleinen Einlagen, damit meine Höschen sauber bleiben. Doch die perfekten kleinen Einlagen verkrumpeln und fallen heraus, wenn ich renne. Als Mama mich schließlich fragt, ob die Höschen mit dem Ausfluss, der manchmal seltsam riecht, mir gehören, frage ich nicht, woher sie das weiß – sie findet alles heraus. Doch meist ist sie sanft, wenn sie ein Geheimnis entdeckt, von dem zu erzählen für jemanden schmerzhaft sein könnte. Ich sage, Ich denke, dass es meine sind. Sie will wissen, ob ich irgendetwas mit Jungen gemacht habe. Ich weiß nicht, was dieses Irgendetwas ist. Als ich nein sage, fragt sie wieder und wieder. Ich antworte immer mit nein. Als ich es leid bin, dieselbe alte Frage zu beantworten, stelle ich ihr eine. Ich frage sie, was das Irgendetwas ist, das man mit Jungen machen kann. Ich bin so wütend auf Jungen – auf Jungen, die ich nicht kenne, die dieses Irgendetwas machen können, nach dem ich befragt werde, als hätte ich etwas falsch gemacht und stünde vor Gericht. Sie will mir nicht sagen, was das Irgendetwas ist. Sie glaubt mir.

Sie glaubt dem Arzt, der ihr sagt, Ja, manchmal haben junge Mädchen diese Infektionen, nein, sie werden nicht von irgendetwas verursacht, dass man mit Jungen machen kann. Ich soll eine Essigwasser-Spülung bekommen. Der Klang des Wortes ängstigt mich. Sie machen sich nicht die Mühe, es mir zu erklären. Sie sind verärgert über meine Unwissenheit in allen Dingen, die den Körper betreffen. Doch sie haben uns die Scham über den Körper beigebracht, ließen ihn uns unter unseren Kissen wegstecken wie einen verlorenen Zahn, für den uns die Zahnfee belohnt. Sie belohnen unser Schweigen über den Körper.

Als Mama bereit ist, mir die Spülung zu machen, lässt sie mich ins Badezimmer kommen und mich ausziehen. Als ich nackt vor ihr stehe, stelle ich mir vor, angezogen zu sein, dass sie nicht die Teile von mir sehen kann, die ich beschlossen habe, niemandem zu zeigen, die Teile, die ich selbst nicht mehr sehe, auch dann nicht, wenn ich sie entkleide und wasche. Sie schaut mich an, als sähe sie die Kleidung und nicht meine Nacktheit. Sie selbst ist völlig angekleidet. Sie erklärt mir, dass das Essigwasser in der Wärmeflasche ist, dem roten Gummiding, das mich an einen Ballon erinnert, den man nicht aufblasen kann. Als sie versucht, die Spritzdüse in mich einzuführen, weiß ich, dass ich nackt bin. Ich weiß, dass dies mein Körper ist und dass sie kein Recht hat, ihn zu berühren oder in ihn einzudringen. Ich fange an zu schreien. Die Schreie hören sich an, als ob ein schreckliches Verbrechen begangen würde. Aus Angst, dass die Nachbarn mich hören könnten, befiehlt sie mir sofort still zu sein, bevor sie mich umbringt.

Sie braucht eine Assistentin. Meine älteste Schwester betritt das Badezimmer mit einem schadenfreudigen Grinsen im Gesicht, das mir zeigt, dass sie sehen kann, dass ich nackt bin, Angst habe und mich schäme; dass es ihr gefällt, Zeugin dieser Demütigung zu sein. Gemeinsam mühen sie sich ab, die Aufgabe zu erledigen. Mama fragt verärgert, Was wirst du machen, wenn irgendein Junge sein Ding in dich hineinsteckt? Ich bin schockiert darüber, dass sie denken könnten, ich würde jemals nackt mit einem Jungen zusammen sein, dass ich irgendjemanden meinen Körper berühren oder Dinge in mich hineinstecken lassen würde. Als ich sage, dass mir das niemals passieren wird, unterbrechen sie ihre Aufgabe, um zu lachen. Sie lachen lange und laut. Ich weine über ihre Weigerung zu glauben, dass ich mich selbst vor weiteren Demütigungen schützen kann.

33

Vielleicht war es die gespielte Hochzeitszeremonie in der Tradition von Tom Thumb, bei der sie in der ersten Klasse mitgemacht hatte. Vielleicht war es auch das Zerreißen ihres roten Brautjungfernkleids aus Krepppapier, das sie überzeugte, sie würde in einer Ehe scheitern, so wie sie bei dem Hochzeitsspiel gescheitert war. Sie wusste, dass diese Aufführung sie misstrauisch gemacht hatte. Nichts daran hatte Spaß gemacht. Wann immer sie an die Ehe dachte, dachte sie an eine andere Person, eine, die eine schöne Braut, eine gute Ehefrau sein würde. Aus ihrer Sicht war das Problem der Heirat nicht eine gute Ehefrau, sondern der Mangel an einem guten Ehemann. Sie ist sechzehn Jahre alt. Ihre Mutter sagt ihr immer wieder, wie wichtig es ist, kochen zu lernen, sauber zu machen usw., um eine gute Ehefrau zu werden. Sie stapft die Treppe hinauf und schreit, Ich werde nie verheiratet sein! Ich werde nie heiraten. Als sie wieder nach unten kommt, muss sie erklären warum, muss Worte finden. Scheint so, sagt sie stammelnd, dass die Ehe etwas für Männer ist, dass Frauen nichts davon haben und Männer alles bekommen. Sie wollte der Mutter nicht das Gefühl geben, unschöne Dinge über ihre Ehe zu sagen. Sie wollte sie nicht wissen lassen, dass es genau ihre Ehe war, die wie eine Falle erschien, eine Tür, die sich zu einem luftleeren Raum schloss.

Sie wollte ihrer Mutter nicht sagen, dass sie zu einer anderen Person wurde, sobald ihr Mann das Haus am Morgen verlassen hatte. Wie sie dann voller Energie war, laut, albern, lustig, wählerisch, stark, fähig, zärtlich wurde, alles, was sie in seiner Gegenwart nicht war. Wenn er anwesend war, wurde sie schweigsam. Sie erinnerte ihre Tochter an eine Hündin, die still sitzt, gehorsam stehenbleibt, bis der Herr, der Haushaltsvorstand, ihr befiehlt, sich zu bewegen, dies und jenes zu tun, sein Essen zu kochen, einfach so, dafür zu sorgen, dass das Haus sauber war, einfach so. Ihr Bett war oben über ihrem Schlafzimmer. Sie hörte nie fröhliche Geräusche von ihnen. Sie hörte die klagende, bittende Stimme der Frau. Sie konnte nicht hören, worum sie bat, bettelte, aber sie wusste, dass die Schulbücher, das bisschen

Taschengeld, die neuen Kleider, *alles* mit mehr als Geld, mit mehr als Sex bezahlt werden mussten.

Welche Freuden auch immer in der Ehe lagen, behielten die Frauen für sich, als ein Geheimnis, das sie nicht untereinander oder mit ihren Töchtern teilten. Sie fragte nie, wo die Freude war, wann sie auftauchte und warum sie versteckt werden musste. Sie hatte Angst vor der Antwort. Sie stimmten ihr zu, als sie sagte, eine Ehe gehöre nicht zu ihren Träumen. Sie sagten, sie wäre zu dünn, hätte nicht die Hüften, Brüste und Schenkel, an denen Männer interessiert waren. Vor allem aber war sie zu schlau. Männer mochten keine schlauen Frauen, sie wollten keine Frau, deren Kopf ständig in einem Buch steckte. Und mehr noch als das mochten sie keine Frau, die widersprach. Sie war immer wieder geschlagen, gepeitscht und bestraft worden, weil sie widersprochen hatte. Sie hatten gesagt, sie seien entschlossen, sie zu brechen, sie zum Schweigen zu bringen, aus ihr eine von ihnen zu machen.

Eines Tages widerspricht sie ihrer Mutter in Anwesenheit ihres Vaters. Er schlägt sie so hart, dass sie umfällt, und sagt, Lass mich niemals wieder hören, dass du so mit deiner Mutter sprichst. Sie sieht den Stolz im Gesicht ihrer Mutter. Sie denkt an die Art und Weise, in der er mit ihr spricht, etwas, das in diesem Moment keine Rolle spielt. Er hat sich ihr zu Ehren gegen seine Tochter gewendet. Sie hat es akzeptiert. Dies, denkt die Tochter, muss wohl zur Ehe gehören – und sie hofft, niemals eine Tochter zur Welt zu bringen, die sie im Namen einer solchen Liebe opfern muss.

34

Der Waschtag ist ein harter Arbeitstag. Die Maschine ist alt und muss mit Wasser aus Eimern gefüllt werden. Mama macht die meiste Arbeit. Wir stehen gerne dabei und schauen zu, wie sie die Wäsche durch die Wringmaschine laufen lässt, nachdem sie in großen Zinneimern voll Wasser gespült worden ist. Das sind die Eimer, in denen wir früher als kleine Kinder gebadet haben, als wir noch auf dem Hügel wohnten. Wir wurden abends in der Küche nacheinander gewaschen oder wuschen uns gegenseitig. Wir glauben, dass es zu den wahren Freuden des Lebens gehört, sich von anderen Händen waschen zu lassen. Wir werden älter und müssen allein baden. Das machen wir – wir schließen uns ein, um sicher zu sein, dass niemand hereinkommt und das sieht, was wir einst so gerne zusammen gemacht haben. Am Waschtag sind alle gereizt, besonders im Winter. Die Feuchtigkeit und die Kälte dringen in unsere Knochen ein und lassen uns frösteln. Die Wäsche muss aufgehängt werden, bevor wir zur Schule gehen. Unsere Hände sind eiskalt, während wir Stück für Stück auf die Leine hängen. Wir spüren, wie die Nässe im Gras durch die dünnen Sohlen unserer Schuhe in unsere Füße kriecht. Wir bewegen uns langsam beim Aufhängen der Wäschestücke, in der Hoffnung, dass wir zur Schule gehen können, bevor der Korb leer ist. Mama warnt uns. Wir sollen besser alles aufhängen. Es kümmert sie nicht, wenn wir zu spät zur Schule kommen. Im Sommer wirken die sauberen Kleidungsstücke, die in der frischen Luft hängen, wie

Reihen blühender Blumen. Im Winter sind sie wie tote Dinge, gefroren und kalt. Wir bringen die schweren Arbeitshosen gefroren ins Haus und stellen sie in die Badewanne, wo sie langsam auftauen.

Waschen bedeutet Bügeln. Wir kommen von der Schule nach Hause und wissen, dass das Bügelbrett aufgestellt und das Eisen heiß ist. Manchmal bügelt Mama immer noch. Ihr Gesicht ist heiß, und ihre Füße schmerzen. Wir schauen ihr zu, und erzählen ihr von unserem Tag. Sie sagt uns, wer mit dem Bügeln anfangen soll. Wir lernen zunächst Bettlaken zu bügeln. Wir verstehen nicht, warum Bettlaken, die gar nicht verkrumpelt sind, gebügelt werden müssen. Mama sagt, das macht man so. Besonders hassen wir es, die Unterwäsche und Schlafanzüge unseres Vaters zu bügeln. Genauso hassen wir es, dass uns ständig gesagt wird, dass wir nichts richtig gebügelt haben und dass wir alles im Korb noch einmal bügeln müssen.

Ich bin mit Bügeln an der Reihe. Nichts kann ich richtig machen. Bevor ich anfange, werde ich schon angebrüllt. Immer wieder höre ich, dass ich verrückt bin und in einer Irrenanstalt landen werde. Das ist die Strafe, weil ich vor meiner Arbeit noch weiterlesen wollte, weil ich zu lange gebraucht habe, die Treppe herunterzukommen. Mama droht schon, mir eine runterzuhauen, wenn ich nicht aufhöre, meine Augen zu verdrehen und zu grinsen. In solchen Zeiten bedaure ich, am Leben zu sein und will sterben. In der Küche redet sie ständig mit meinen Schwestern darüber, dass sie mich nicht ausstehen kann, dass ich irgendwann verrückt werde. Sie droht mir, wenn ich anfinge zu weinen, würde sie mir einen Grund zum Weinen geben. Die Tränen fließen nicht. Sie stehen wie Pfützen in meinen Augen. Sie verhindern, dass ich beim Bügeln noch etwas sehen kann. Ich will, dass sie still sind. Sie sollen mich in Ruhe lassen. Ich schreie sie an: Lasst mich in Ruhe! Ich halte das heiße Bügeleisen auf meinen Arm. Sofort lacht jemand und schreit, was die verrückte Idiotin mit sich gemacht hat. Sofort spüre ich die Schmerzen der verbrannten Haut. Sie hören nicht auf zu reden. Sie sagen, niemand wird mich in der Irrenanstalt besuchen. Mama sagt, die Schmerzen interessieren sie nicht. Ich muss die Wäsche in meinem Korb fertig bügeln.

35

Miss Rhobert wohnt um die Ecke in einem dieser Märchenhäuser – weiß, weiß mit grünem Rasen, roten Klinkertreppen und passenden Verandamöbeln. Natürlich sitzt sie nie auf der Veranda. Das machen nur die gewöhnlichen Leute. Sie ist nicht gewöhnlich. Sie stammt aus einer langen Linie von Leuten, die weiß aussehen. Als wir kleine Kinder waren, dachten wir, sie hätten die Farbe von Schweinen in den Märchenbüchern. Jetzt wissen wir, dass sie Schwarze Grundbesitzer sind, Geschäftsleute. Wir wissen, dass sie zwischen den weißen Leuten und richtigen Schwarzen stehen. Weiße Leute verbreiten ihre Nachrichten an uns durch sie wie Klatschgeschichten. Sie hassen sowohl weiße Leute als auch richtig dunkle Schwarze Menschen. Sie hassen weiße Leute, weil die haben, was sie wollen. Sie hassen dunkle Schwarze Leute, weil sie sie daran erinnern, dass sie People of Color sind und deshalb nicht wirklich bekommen, was sie wollen. Sie wollen nicht als Weiße durchgehen. Sie wollen nicht in weißen Wohnvierteln leben und wie Menschen zweiter Klasse behandelt werden, so wie die armen Weißen. Sie wollen im Herzen der Schwarzen Communitys wohnen, wo man zu ihnen aufsieht, sie beneidet und jede ihrer Bewegungen registriert.

Miss Rhobert ist eine von ihnen. Sie ist unverheiratet und im fortgeschrittenen Alter. Man sagt, sie wird nie heiraten, weil keiner gut genug für sie ist. Man sagt, sie wird nie heiraten, weil keiner sie gefragt hat. Sie war meine Lehrerin in der ersten Klasse. Sie lebt allein. Sie hat ihr Haus in zwei Wohnungen geteilt. In der einen wohnt sie, in der anderen ihre Mieter, alle alleinstehende Männer. Sie leben zusammen, ohne sich wirklich zu sehen. Sie dürfen keine Frauen mitbringen. Wenn sie nicht da sind, muss sie anderswo Trost und Schutz suchen, um zu glauben, sie sei nicht allein. Sie schlägt meiner Mutter vor, dass ich die Nächte bei ihr verbringen soll. Dafür will sie ein paar Dollar in der Woche geben und manchmal beim Kauf von Schulbüchern helfen. Nach dem Abendessen zu ihr zu gehen, ist eine Möglichkeit, Konflikte zu vermeiden. Wir haben einander wenig zu sagen. Wir essen Süßigkeiten oder Eis, sehen fern und gehen schlafen. Ich muss im selben Bett mit ihr schlafen. Ich verstecke mich am Bettrand an der Wand und tu so, als sei ich nicht da. Sie schläft tief und fest, schnarcht laut mit offenem Mund. Was sie mir bezahlt, gebe ich Mama, die entscheidet, was ich brauche, und wie das Geld ausgegeben wird. Das Geld macht mir keine Freude. Nie darf ich wählen, was davon gekauft wird. Wenn ich auf meinem Recht etwas auszuwählen bestehe, lässt sie mich das nie vergessen.

In den Nächten bei Miss Rhobert lerne ich die Kunst, gleichzeitig anwesend und abwesend zu sein. Es ist die Kunst, eine gute Bedienstete zu sein. Das bedeutet, seinen Platz zu kennen. Ich rede nur, wenn ich angesprochen werde. Ich unterhalte mich nicht, sondern antworte in kurzen Sätzen. Wenn ich lache, klingt es ängstlich. Manchmal bringe ich ein Buch zum Lesen mit. Dieses Zeichen, dass ich nicht nur eine Dienerin bin und nicht immer an meinem Platz bleibe, lässt sie sich mit mir unterhalten. Sie will wissen, worüber wir bei uns zu Hause sprechen und wer was macht. Ich lerne die Kunst, eine direkte Antwort auf ihre Fragen zu vermeiden. Wenn wir nicht fernsehen, spielen wir Scrabble. Sie spielt gerne um Geld. Ich nicht, weil ich Angst habe, zu gewinnen. Da sie nie Autofahren gelernt hat, kann Miss Rhobert abends nur ausgehen, wenn sie jemand abholt. Ab und zu lässt sie mich für ein paar Minuten allein. Dann entspannen sich meine Muskeln, und ich bin nicht länger unsichtbar in meinem Sessel. Ich bin dankbar für die Stille. Mama beschließt für mich, dass ich zu alt für diesen Job bin. Meine jüngere Schwester nimmt meinen Platz ein.

36

Als wir uns zum ersten Mal begegnen, bin ich schüchtern. Sie erinnert mich an den kleinen braunen Vogel, den ich Tage zuvor in der Hand hielt. Wir spielten im Hinterhof, als wir den Vogel auf dem Zaun sahen. Er schien auf mich zu warten. Als ich ihn in der Hand hielt, fühlte ich sein Zittern, seinen Herzschlag. Er war so lebendig und so zart, dass ich mich verantwortlich fühlte und Angst um ihn hatte. Ich setzte ihn zurück auf den Zaun und wartete, bis er wegflog. Für mich ist sie dieser Vogel in menschlicher Gestalt. Miss Willie Gray hat braune Haut und graues Haar. Sie ist in den Neunzigern. Sie wird von Lähmungen heimgesucht. Das sind ihre Worte. Heimsuchung lässt mich an die Kirche und die Bibel denken. Sie bewegt ihre Arme als wären es Flügel, die ständig schlagen. Sie hat gelernt, die zitternden Bewegungen vorauszusehen – als Zeichen, dass sie noch am Leben ist. Ihre Bewegungen stören mich nicht. Sie erinnern mich an den Vogel, der wegflog. Sie will fliegen und kann es nicht. Wir sind uns einig, dass das nicht schlimm ist, denn sie ist unabhängig, kann sich bewegen, für sich selbst kochen und ihren Garten bepflanzen. Sie ist allein, alt und glücklich. Sie sagt mir immer wieder, Was kann man sich mehr wünschen.

Sie sagen, sie hat nie geheiratet, weil sie so eng mit ihrem Vater verbunden war. Ich glaube ihnen, weil sie mir endlos von ihm erzählt. Sie erzählt mir, wie er den Lebensmittelladen gekauft hat und sie darin arbeiten ließ, obwohl die Ansicht herrschte, das sei nicht das Richtige für eine Lady. Sie erzählt mir, wie er gestorben ist und ihr den Laden, Geld und Land hinterlassen hat. Sie erzählt mir, sie hätte all das gerne weggegeben, wenn er nur am Leben geblieben wäre. Ihre Mutter war gestorben, als sie noch Mädchen waren. Sie übernahm die Haushaltsführung. Sie sagt, damals war es üblich, dass die älteste Tochter den Haushalt übernahm, bis eine neue Ehefrau gefunden wurde. Ihr Vater hatte nie mehr geheiratet, obwohl er Frauen hatte. Sie blieb die Hausfrau und sorgte für ihn bis zu seinem Tod. Sie wollte niemals heiraten. Sie fasziniert mich, weil die anderen unabhängigen unverheirateten Frauen Lehrerinnen sind, die damals berufstätig wurden, als sie nach dem Gesetz noch ledig bleiben mussten. Sie wird nicht müde mir zu sagen, dass es ihre Entscheidung war ledig und allein zu bleiben.

Sie ist nicht immer allein. Ich werde angestellt, um die Nacht über zu bleiben und am Tag Erledigungen zu machen und ab und zu einkaufen zu gehen. In ihrem Haus habe ich mein eigenes Bett. Ich kann die ganze Nacht lang lesen, und Bücher gibt es in jedem Zimmer. Wir liegen beide gerne im Bett und lesen. Sie liest *True Confessions*. Obwohl ich sie im Laden kaufe, lese ich sie nicht. Sie hat eine Ausgabe von Miltons *Das verlorene Paradies*, die ich immer wieder lese. Alle ihre Bücher sind gebundene Ausgaben. Es sind beliebte Romane. Sie liest sie nicht mehr. Sie sagt mir, ich kann sie lesen, wann immer ich will. Wir leisten uns gute Gesellschaft. Ab und zu muss ich aufstehen, um Wasser oder Medizin für sie zu holen. Sie geht nie irgendwo hin. Sie bleibt auf ihrem Hof und in ihrem Garten. Sie liebt es, an den Reihen wachsender Dinge auf- und abzugehen. Ich sage ihr, dass ich das immer gemacht habe, als ich noch jünger war. Jetzt sitze ich auf dem Zaun und schaue zu.

Sie würden sie gerne in ein Heim geben, an einen Ort, wo sie sich um sie keine Gedanken machen müssen. Sie sagen, dass sie Angst haben, sie könnte stürzen und sich verletzen. Sie sagt, sie wollen ihr Haus und ihr Geld. Sie ist entschlossen, bis zu ihrem Tod in ihrem Haus zu bleiben. Sie sagt mir, ihr Haus zu verlassen und in ein Altenheim zu gehen, wäre das Ende. Mit scharfer Stimme fragt sie mich, warum man sie nicht in Frieden lassen kann. Ich bleibe stumm, höre zu und beobachte die schlagenden Flügel.

37

Das Zimmer ihres Bruders ist jetzt ihr eigenes. Er ist zum Mann geworden und weggegangen, um zu tun, was Männer tun – er ist Soldat geworden. Es ist ein dunkles Zimmer ohne Fenster, kalt im Winter, kühl im Sommer. Für sie ist es ein Ort der Zuflucht und der Erholung. Die Spannungen in der Schule, der Familie, in Freundschaften können hier alle herausgelassen werden. Sie kann sich vor ihrer inneren Einsamkeit verstecken. Sie kann so tun als ob. Sie kann die ganze Nacht lang lesen. Für die anderen ist sie das Problemkind, die Ursache all ihrer Sorgen. Alle kommen gut miteinander zurecht. Sie ist diejenige, mit der man keinen Spaß hat, die Ärger macht. Bevor er geht, teilt sie sich mit ihren fünf Schwestern die oberen Räume – sechs Mädchen in zwei Zimmern. Vier im vorderen und zwei im hinteren Raum. Jahrelang ist ihr erstes Bett gleich hinter dem Treppenabsatz. Die Betten stehen seltsam in dem Zimmer, weil die Decke schräg, wie in einem Dachboden ist. Ihr Bett ist neben dem Fenster, das von der tiefen Decke bis zum Boden reicht. Die ganze Nacht kann sie herausstarren und die Sterne beobachten, das Licht in den Fenstern der Nachbarn, die Vögel und den Regen. Es ist ihr einziger privater Raum. All ihre Lieblingsdinge leben mit ihr darin – Bücher, Pinsel, Tagebücher.

Sie ist nicht besonders ordentlich. Ihre Ecke ist wie jeder Winkel in dem Zimmer mit Sachen vollgestopft. Wenn ihre Mutter unter den Betten fegt, sind sie alle wütend und schämen sich. Die oberen Zimmer sind rosa gestrichen. Sie hasst die Farbe Rosa. Rosa Unschuld, rosa Träume, Rosa, die Farbe von etwas Lebendigem, das aber nicht ganz leben darf. Sie mag dunkles Rot, Schwarz, dunkles Grün. Sie würden nie erlauben, die Zimmer in einer anderen Farbe zu streichen. Alle Mädchen wollen ein rosa Zimmer. Sie und ihre Schwestern sollten zufrieden und glücklich sein, in einer rosa Welt zu leben. Für ihre jüngeren Schwestern ist sie anders. Sie können nachts nicht schlafen, weil sie immer weint. Sie wollen, dass die Mutter ihr befiehlt, mit dem Weinen aufzuhören. Sie lernt, ihre Tränen zurückzuhalten, stumm, bis alle anderen tief schlafen und das Haus ruhig ist. Sie weint darüber, nichts richtig machen zu können, nicht dazuzugehören, unfair bestraft zu werden, bestraft zu werden.

Als eine ältere Schwester das Haus verlässt, zieht sie in das hintere Zimmer, das sie teilen muss. Ihre jüngeren Schwestern sind froh, dass sie geht. An ihrem neuen Ort fühlt sie sich nicht zu Hause. Er kann niemals ganz ihrer sein. So sehr trägt er die Zeichen ihrer älteren Schwester. In diesem Zimmer werden ihre Geheimnisse immer gefunden. Ihre Tagebücher gelesen, ihr verstecktes Geld gestohlen und ihre Kleider verschwinden. Alles Private wird irgendjemand finden und wie nasse Kleider auf die Leine hängen, damit alle es sehen können. Sie genießen die Schmerzen, die ihr das bereitet. Sie nehmen ihr übel, dass sie es so sehr braucht, die anderen auszuschließen. In diesem Zimmer weint sie fast nie. Sie bleibt nachts wach und spricht mit Gott, versucht diesen Fremden zu finden, der sie verstehen kann, der alles gut werden lässt. Vielleicht weint sie auch weniger, weil jedes Geräusch aus diesem Zimmer von ihren Eltern gehört werden kann, die in ihrem Bett im Raum darunter liegen. Es gibt keine Probleme mehr, wenn sie das Licht anlässt. Ihre ältere Schwester, wenn sie zu Hause ist, stört das nicht. Wenn sie erst einmal eingeschlafen ist, kann sie nichts und niemand stören. Jedenfalls gehörte der Raum ihrer ältesten Schwester. Überall waren ihre Sachen. Sie eignete sich die Dinge anderer an und machte sie zu ihren eigenen.

Schließlich entscheidet Mama, dass sie nach unten ziehen kann. Sie geben ihr das Jungenzimmer nicht, weil sie die älteste der jüngeren Mädchen ist, nicht, weil sie es verdient hat, sondern weil sie das Problem ist, diejenige, die niemand ausstehen kann. Sie soll im Exil leben. Sie sind froh, sie gehen zu sehen. Für sie fühlt es sich an, als wäre jemand gestorben, den sie schon lange hatten loswerden wollen, aber nicht einfach wegwerfen konnten. Sie wurde exkommuniziert wie in der Kirche.

38

Sie hat noch nie jemanden sagen hören, dass Masturbation etwas ist, das Mädchen machen. Wie so vieles an Spaß und Privilegien in der Welt ist das dem männlichen Kind vorbehalten – dessen wachsende Lust auf Sexualität begrüßt und über die mit einem Lächeln des Triumphs und der Freude gesprochen wird. Ein Junge, der sich seiner Sexualität bewusst wird, ist auf dem Weg zur Männlichkeit. Das ist ein wichtiger Augenblick. Die befleckten Bettlaken, die Spuren seiner Selbstbefriedigung zeigen, sind wie Siegesfahnen. Sie – die Mädchen – kennen solche Momente nicht. Sexualität ist etwas, das man mit ihnen machen wird, etwas, das sie fürchten müssen. Sie kann zu ungewollter Schwangerschaft führen. Sie kann eine Hure aus ihnen machen. Sie ist ein Fluch. Sie ruiniert das Leben eines jungen Mädchens und bringt ihr nichts als Schmerzen, immer und immer wieder, sie führt zu Geburten, zum Sozialamt und zu allen möglichen Sehnsüchten, die nie erfüllt werden. Immer wieder sagen sie ihrer Mutter, dass sie sich keine Sorgen um sie machen muss.

Sie haben keine Sexualität. Sie werden nicht schwanger werden und Babys nach Hause bringen, um die sie sich kümmern muss. Sie sagen nicht wirklich, Wir haben keine Sexualität, denn schon die Verwendung des Wortes Sexualität könnte ihr Wissen darüber verraten – für sie ist Sexualität ein Synonym für Schwangerschaft, für Prostitution, für Flittchen.

Als sie Freude daran findet, sich zu berühren, weiß sie, dass sie das für falsch halten, dass sie es verbergen und nur im Geheimen tun darf. Sie schämt sich, schämt sich, dass sie von der Schule nach Hause kommt und im Bett liegen will, um die feuchten, dunklen, geheimen Teile ihres Körpers zu berühren, sie schämt sich, nachts wach zu liegen und sich zu betasten, ihre Hände, ihre Finger tiefer und tiefer nach innen zu bewegen, nach innen an den Ort der Schmerzen und der Not von Frauen, an den Ort, in den Männer eindringen wollen, durch den Babys kommen, sie schämt sich für die Lust.

Als sie endlich ein Zimmer für sich allein hat, kann sie dort hingehen und sich, ohne dass es jemand bemerkt, an ihrem Körper erfreuen. Diese Freude ist ihr Geheimnis und ihre Scham. Sie verleugnet ihr sexuelles Empfinden vor sich selbst. Sie will nicht darüber nachdenken. Männer sind nicht Gegenstand ihrer Lust. Wenn sie sich berührt, denkt sie nicht an einen Penis, der sich in ihr bewegt, nicht an die Feuchte seiner Ejakulation. Es ist ihre eigene Feuchtigkeit, die ihre Finger suchen. Dies ist der Moment, an den sie denkt, nicht als Orgasmus, denn dieses Wort kennt sie nicht, aber als einen Moment, in dem sie einen hohen Ort erklimmt und den Gipfel erreicht. Danach sehnt sie sich. Dort findet sie eine bestimmte Zufriedenheit und

Glück. Zu diesem Glück führen sie ihre Finger. Wie die Höhlen, von denen sie in ihrer Kindheit träumte, ist es ein Ort der Zuflucht, ein geschützter Raum.

Wie alle geheimen Freuden ist auch diese schwer zu verheimlichen für sie. Sie weiß, dass ihre Schwestern sich wundern, warum sie so oft in ihrem kalten, dunklen Zimmer ist und dort bleibt und liest, während sie draußen sind. Sie beobachten sie, warten. Sie öffnen schnell die Türe. Sie ziehen schnell die Decke weg, bevor sie ihre Hände befreien kann. Sie werden zu Zeuginnen ihrer Lust und ihrer Scham. Ihrer Lust an ihrem Körper, ihrer Scham darüber, entdeckt worden zu sein. Sie drohen damit, es zu verraten, können es kaum erwarten, es zu verraten. Sie bereitet sich auf ihre Verteidigung vor. In Gedanken geht sie sie immer wieder durch. Wie bei einer Party, die zu Ende geht, weil plötzlich die Lichter angehen, weiß sie, dass die geheimen Momente vorbei sind, die Dunkelheit, die Freude, die tiefe, kühle Ekstase.

39

Niemand spricht mit ihr darüber, dass sie mit sich selbst spielt, ihren Körper berührt, masturbiert. Sie weiß nicht, ob sie es ihrer Mutter erzählen kann. Niemand sagt etwas. Sie ist wachsam, sie passt auf. Sie berührt sich nicht mehr. Sie will die Freude nicht mit Angst vermischen. Sie mag den Geruch der Angst nicht. Sie liest leidenschaftlich und intensiv. Wenn sie alles Greifbare gelesen hat, sucht sie etwas Neues, etwas Unentdecktes. Wie Hände an dem dunklen Ort sind Bücher eine Quelle der Freude. Auf der Suche nach neuem Lesestoff findet sie Bücher, die ihr Vater in seinem persönlichen Bereich aufbewahrt, hinter seinem Bett versteckt. Das Wort Pornografie hat sie nie gehört. Für sie sind es nur Bücher mit einem lustigen Cover. Die Menschen darauf sehen unwirklich aus. Es sind alles weiße Frauen mit einem dicken Makeup und engen, roten Kleiden, die Körperteile enthüllen. Sie sind nackt. Sie weiß nicht, dass sie diese Bücher nicht lesen soll. Sie verheimlicht, dass sie sie liest nur deshalb, weil sie bestraft werden, wenn sie etwas von den privaten Sachen ihres Vaters nehmen.

Im Bett mit ihrer neuen Lektüre stellt sie fest, dass es in diesen Büchern um Sex geht, und zwar nicht um den Sex, den verheiratete, religiöse Menschen haben, sondern um den schmutzigen, den Leute zum Spaß haben. Sie findet diese Lektüre aufregend, dieses Zusammentreffen von zwei Vergnügungen, Bücher und Sex. Dabei lernt sie, dass nicht nur Männer und Frauen miteinander Sex haben. Sex findet auch statt zwischen Frauen und Frauen, Männern und Männern, Frauen und Männern in Gruppen. Sex findet statt mit Zuschauenden – mit Masturbierenden. Manchmal haben Leute Sex, den sie seltsam findet. Sie schlagen sich, essen oder schwimmen dabei. Sie bemerkt, dass ihr Körper erregt ist, wenn sie diese Bücher liest, fühlt die wachsende Feuchtigkeit in ihrem Höschen. Sie hatte geglaubt, die Feuchtigkeit käme von der Handbewegung. Diese neue Entdeckung überrascht sie. Es macht ihre Berührungen noch aufregender, mit Bildern und Fantasien zu verbinden, was zuvor nur ein gutes, warmes, feuchtes Gefühl gewesen war. Sex in diesen neuen Büchern fasziniert sie. Von der Erregung, die diese Seiten verursachen, entstehen keine Babys, keine Schmerzen, entsteht kein männlicher Missbrauch, keine Verlassenheit. Sie denkt nie über die Rollen, die Frauen und Männer in den Büchern spielen, nach. Sie haben keinen Bezug zu echten Menschen. Die Männer arbeiten nicht. Die Frauen haben keine Kinder, putzen nicht das Haus und gehen nicht arbeiten. Manchmal zwingen die Männer die Frauen zu sexuellen Handlungen. Sie verstand nie, warum die Frauen etwas taten, was sie nicht wollten und dennoch Spaß dabei hatten. Sie hatte niemals Spaß an Dingen, die sie nicht tun wollte.

Es wird immer schwieriger für sie, sich die Bücher zu holen. Sie muss warten, bis sie niemand dabei beobachten kann. Sie muss sie genau wieder so zurücklegen, wie sie sie gefunden hat. Sie wird erwischt, als sie mit einem Buch in der Hand die Treppe hinaufschleicht. Ihre Mutter will das Buch nicht sehen, sie will, dass sie es dorthin zurückbringt, wo sie es gefunden hat, und dass sie aufhört, diese Bücher zu lesen. Es ist ihr Lieblingsbuch, *Passion Pit*. Es ist das einzige Buch, in dem sie sich in einem Teil mit einer Frau identifiziert. Das ist der Teil, in dem der Mann seine Zunge und seine Finger benutzt, um seine Partnerin sexuell zu erregen, sich dann zurückzieht und ihr sagt, wenn sie Sex will, muss sie ihn danach fragen, darum bitten, es genug wollen, um darum zu betteln. Sie kann die Heftigkeit des Verlangens der Frau verstehen, ihre Bereitschaft zu fragen und vielleicht sogar zu betteln. Sie weiß, dass die Stillung des sexuellen Hungers der Frau genau das ist, was ihr im wirklichen Leben verwehrt würde. Lange nachdem die Bücher alle vernichtet sind, erinnert sie sich an das Bild der sexuell hungrigen Frau, die es wollte, so sehr wollte, dass sie darum bat, sogar bettelte.

40

Schmutzige Bücher las sie gerne, aber nicht *True Confessions*, nicht *Sepia*, keines von diesen Magazinen mit ihren endlos traurigen Geschichten über Sex mit schlimmem Ausgang. Die Frauen auf diesen Seiten waren immer schuldig, baten immer um Verzeihung. Sie hörte damit auf, schmutzige Bücher zu lesen, weil ihr Vater sie nicht mehr im Haus aufbewahrte und weil die, die sie sich selbst besorgte, sie nicht mehr interessierten. Stattdessen begann sie das zu lesen, was ihr die ältere weiße Frau in der Bibliothek empfahl. Sie las George

Eliot, Henry James, Emily Brontë, Charlotte Brontë. Sie wusste, dass man ihre Anwesenheit in der Bibliothek, wie an so vielen Orten in der Welt der weißen Leute, als Eindringen betrachtete. Sie beobachteten sie misstrauisch. Wenn sie Bücher auslieh, wendeten sie diese hin und her, als ob sich in ihnen irgendein Geheimnis verbarg, als ob sie verstehen wollten, warum dieses Schwarze Mädchen dies und jenes las. Sie versuchte immer, auf die einzige freundliche Frau zu warten, die sie nicht wie Dreck behandelte, die sie nicht fragte, Bist du sicher, all diese Bücher lesen zu können?

Als sie anfing, populäre Liebesgeschichten aus den frühen Neunzehnhunderter Jahren zu lesen, suchte sie stundenlang in den Regalen nach etwas Neuem, nach etwas, das sie noch nicht gelesen hatte. Ihre Lieblingsgeschichte war *Lena Rivers*, die Erzählung von einem armen weißen Mädchen aus den Südstaaten, das von ihrer Großmutter aufgezogen wurde. Sie geht in den Norden, wo sie entdeckt, dass ihr leiblicher Vater ein reicher Gentleman ist, in dessen Sohn sie sich verliebt und ihn heiratet. Natürlich entfaltet sich diese einfache Geschichte nicht ohne unglaubliches Missgeschick, Intrigen und Geheimnisse. Ihr gefielen die Geheimnisse und die Liebesgeschichten. Um nicht mehr in die Bibliothek zu müssen, las sie nun solche Taschenbücher. Sie las nur eine Sorte, die Mills & Boon Romane, die später zu Harlequin Romanzen wurden. Sie gefielen ihr am besten, weil sie neuere Versionen von *Lena Rivers* waren. Die Frau war fast immer arm, eine Arbeiterin, und fast immer fehlte es ihr an körperlicher Schönheit aufgrund eines kleinen Makels, ihr Haar war zu rot, zu kurz, zu dünn, ihre Nase zu lang oder ihr Augenlicht schlecht. Ihre Schönheit war immer von innerer Art. Sie entfaltete sich langsam und blühte auf, wenn der richtige Mann ihren Weg kreuzte. Diese Frauen mussten immer gerettet werden, obwohl sie unabhängig waren und arbeiteten. Immer liebten sie Kinder. Sie gaben ihre Arbeit auf, reisten Tausende Kilometer in ferne Länder, um sich um Kinder zu kümmern. Sie waren immer Jungfrauen. Sie heirateten immer. Ihre Geschichten hatten immer ein Happy End.

Da sie wusste, am Ende würde alles gut werden, waren dies die einzigen Liebesgeschichten, die sie jemals las. Es war ihr wichtig zu wissen, wie das Buch endete, dass alles sich zum Guten wenden würde. Ihr war das so wichtig, weil sie selbst kein Leben führte, in dem alles gut ging, in dem Frauen oder Männer gerettet wurden. In ihrem Umfeld sah sie überall verzweifelte Frauen und Männer, die in Not waren, Schmerzen hatten und auf eine Rettung warteten, die nie kam. Sie betrachtete sich selbst als eine von ihnen. Sie war eines dieser Kinder, die zu der Überzeugung gelangt waren, dass es irgendein Fehler sein musste, in diese Familie hineingeboren worden zu sein, in ein Leben, in dem sie nie etwas richtig machen konnten, ein Leben endloser Qualen. Die Liebesromane boten ihr Zuflucht, Erleichterung, ein Gefühl der Zufriedenheit, den Glauben an die Möglichkeit der Selbstheilung.

Sie waren froh, dass sie damit aufgehört hatte, sich in diese mysteriösen gebundenen Bücher zu vertiefen, die sie selbst nur schwer lesen und kaum verstehen konnten. Sie freuten sich, Zeuginnen ihrer Sucht nach Liebesgeschichten zu sein. Sie begannen, sie als normaler zu betrachten. Sie hatten sie gewarnt, dass Bücher Menschen verrückt machen konnten. Sie hatten sie gewarnt, dass sie, so wie sie lebte, mit Sicherheit wahnsinnig, eingesperrt und allein enden würde. Sie hatten ihr gesagt, dass es so nie eine Rettung geben würde.

41

Das Haus in der First Street hat im Erdgeschoss einen Schlafraum, den wir das Mittelzimmer nennen. Er liegt zwischen dem Schlafzimmer unserer Eltern und dem Zimmer des Jungen. Wir schlafen nur dort, wenn wir krank sind, damit Mama nicht die Treppe rauf- und runterlaufen muss, um sich um uns kümmern zu können. Wenn sie in der Küche ist, kann sie uns von diesem Zimmer aus nach ihr rufen hören und auch unser Weinen, wenn es uns schlecht geht. Während meiner nächtlichen Asthma-Attacken schlafe ich dort – wenn ich schlafen kann. Die Vorhänge in diesem Zimmer sind blau und weiß. Ein Gedicht ist auf ihnen gedruckt, ein Sonett, das mit der Zeile endet: Nach dem Tod werde ich dich nur noch mehr lieben. In der Schule lerne ich, dass dies eines der berühmtesten Gedichte aus Elizabeth Barrett Brownings Sammlung *Sonnets from the Portuguese* ist. Ich lerne es auswendig und wiederhole es täglich, bis alle es leid sind, es zu hören. Wir denken, dass diese Vorhänge in dem Mittelzimmer sein sollen, weil die Kranken und Sterbenden hier liegen. Wir glauben, es nicht ertragen zu können, jemanden, den wir lieben, an den Tod zu verlieren. Wir tun so, als würden nur alte Menschen sterben, aber wir wissen, dass das nicht so ist.

Wir wissen es, weil Zinn, ein kleines Mädchen, das Klavier spielte, bei einem unserer Sonntagsschul-Picknicks in den See gefallen und ertrunken ist. Wir verstehen nicht, warum etwas Junges sterben kann. Wir verstehen den unendlichen Schmerz ihrer Mutter, weil auch wir nicht begreifen können, dass Zinn uns wirklich verlassen hat. Dann ist da der Tod eines Schulfreundes unseres Bruders. Er ist so schön mit seiner hellbraunen Haut und dem lockigen Haar, dass die Mädchen bei seinem Anblick verrückt wurden. Weil er manchmal krank ist, Epilepsie-Anfälle hat, ist er noch beliebter und wird noch mehr geliebt. Wir sind so daran gewöhnt, ihn zu sehen, daran dass er sich zusammen mit dem anderen Freund unseres Bruders bei uns zu Hause den Bauch vollschlägt, dass es uns schwerfällt, seinen Tod zu akzeptieren, ihn als einen zu sehen, der gegangen ist. Wir dürfen bei der Beerdigung nicht dabei sein. Nur mein Bruder, der wie der andere Freund zu den Sargträgern gehört. Der Gottesdienst findet in einer kleinen Kirche statt. Es ist keine Baptistenkirche. So viele Menschen kommen zu dem Begräbnis, dass einige draußen warten müssen. Die Predigt ist kaum zu verstehen wegen der laut weinenden Mädchen, deren Herzen dieser Junge berührt hat. Sie fallen in Ohnmacht und werden aus der Kirche getragen, während die Familie dort bleibt und ihren Verlust betrauert.

Wir bringen unsere Sterbenden in das Mittelzimmer. Als Big Mama krank wird, wird sie dorthin gebracht, um von Mama versorgt zu werden. Sie überlegen, ob sie Big Mama ins Krankenhaus bringen sollen oder nicht. Alte Menschen werden nicht ins Krankenhaus gebracht, wenn sie krank genug sind, um zu sterben. Sie sagen, das würde keinen Sinn machen, dass jemand, der wieder gesund werden kann, das Krankenhausbett benötigen könnte. Sie reden nicht über das Geld, das sie sparen. Sie wissen, dass für die Alten oft kein Geld da ist. Als Big Mamas Krankheit schlimmer wird, kommt der Arzt. Er redet mit gedämpfter Stimme mit Mama. Wir wissen, was sie reden. Wir wissen, dass er ihr sagt, dass es nicht mehr lange dauern wird, dass es keine Hoffnung gibt und sie es ihr einfach so leicht wie möglich machen soll. Ständig werden kleine Waschschüsseln voller Blut zum Entleeren aus dem Zimmer gebracht. Dieser Tod ist anders als der, den ich als kleines Mädchen gesehen habe. Hier hängt der Geruch frischen Bluts in der Luft. Der Tod tritt ein wie ein Jagdhund, der seine Beute verfolgt. Ich spüre die Verzweiflung in den Körpern, die den Raum betreten und wieder verlassen. Ohne zu fragen, renne ich nach draußen. Ich fliehe vor dem Geruch in die feuchte Sommerluft.

42

Als sie von der Beerdigung zurückkommen, können sie nur darüber reden, dass die Mama ihr Kind ein schwarzes Kleid tragen ließ. Schwarz ist die Farbe einer Frau. So etwas weiß man doch. Ein dunkles, marineblaues oder selbst ein braunes Kleid ist die richtige Farbe für ein Kind. Ihre Mama denkt, dass Kinder überhaupt nichts auf Beerdigungen zu suchen haben, es sei denn, sie hatten eine enge Beziehung zu der verstorbenen Person. Wir können gar nicht erst zu der Beerdigung der Mutter unseres Vaters gehen. Bevor Mama uns das sagen kann, entdeckt sie, dass wir alle die Masern haben. Der Tod und die Masern zur gleichen Zeit. Das macht sie sehr müde. Sie sagt ihrer erschöpften Mama nicht, dass sie ihr schwarzes Kleid schon geplant hat, das Kleid, das sie zum Zeichen der Trauer tragen will. Schwarz ist für sie keine Farbe der Trauer, der Tod keine Zeit zum Trauern. Sie ist enttäuscht, dass sie nicht zu der Beerdigung gehen können. Als sie älter wird, will sie nicht mehr auf Beerdigungen gehen. Statt zu dieser Beerdigung gehen sie zum Bestattungsunternehmen, um den Körper zu betrachten. Mit ihren großen Beileidskarten betreten sie schweigend den Raum. Sie nehmen jedes Detail in sich auf, damit sie sich an den Gesprächen über das Aussehen der Toten beteiligen können. Sie begreift nicht, warum es wichtig sein soll, zu wissen, wie gut oder wie schlecht jemand im Tod aussieht. Sie wollen vor allem wissen, ob der tote Körper dem lebendigen Wesen gleicht. Ein gut aufgebahrter Körper sieht so aus, als ob die

Person nur schliefe. So sah ihre Tante aus, diejenige, die jung bei der Geburt ihres Kindes starb. Alle Bilder, auf denen sie still im Sarg liegt, wirken wie Bilder von schlafenden, zufriedenen und wohl genährten Babys. Sie hatte nie verstanden, warum es einen umbringen konnte, ein Baby zu bekommen. Sie erklärten ihr das nie. Der Tod war unerklärlich. Über Krankheiten konnten sie tagelang sprechen, nicht aber über den Tod. Der Tod und das Sterben wurden in Schweigen gehüllt.

Sie ist schon fast in der Oberstufe, als sie zum ersten Mal zu einer Beerdigung geht. Als die ältere Frau, bei der sie übernachtet, stirbt, halten die Erwachsenen es für selbstverständlich, dass sie ihr die letzte Ehre erweist. Sie geht mit gemischten Gefühlen. Sie will wissen, wie in der Öffentlichkeit mit dem Tod umgegangen wird, spürt aber eine gewisse Angst, sie könnte davon unwiederbringlich zutiefst berührt werden. Sie darf kein schwarzes Kleid tragen. Stattdessen trägt sie einen ihrer Lieblingsröcke, marineblau mit grauen Nadelstreifen, eine passende Weste und eine weiße Bluse. Sie geht mit ihrer Schwester Valeria. Sie flüstern, bevor der Trauergottesdienst beginnt, und sagen einander, dass es wie im Kino sei. Das denkt sie während der gesamten Zeremonie. Es ist wie in einem großen Drama.

Die Hinterbliebenen, die dort trauerten, hatten sich nie die Zeit für einen Besuch genommen. Sie waren immer beschäftigt und konnten es nie schaffen. Selbst dann nicht, nachdem sie regelmäßig anrief und ihnen sagte, es wäre gut, wenn sie mal vorkämen. Die Anrufe waren ein Teil ihres Jobs gewesen. Sie beantworte Anrufe, die immer von einer falschen Nummer kamen. Dieselbe Familie saß weinend in der ersten Reihe der Kirche. Sie hielten sich Taschentücher vor das

Gesicht und hielten einander fest. Sie zitterten vor Trauer, als sie an der toten alten Lady vorbeigingen, deren graues Haar der Bestatter schwarz gefärbt hatte. Sie ist nicht anders. Auch sie ist eine Schwindlerin bei dieser Beerdigung. Sie kann diesen Tod nicht bedauern, denn das Leben war lang, erfüllt und befriedigend gewesen. Sie kann nicht wirklich traurig sein, obwohl sie es möchte. Sie hat nur vor einem Angst – dem Moment, in dem sie an der Reihe ist, an dem toten Körper vorbeizugehen, innezuhalten und zu trauern. Als ihre Reihe an dem Sarg vorbeigeht, vermeidet sie es, den Körper direkt anzusehen. Sie hat nur dem Tod einen Blick zugeworfen. Darüber möchte sie gleichzeitig lachen und weinen. Sie hält sich die Hand vor den Mund.

43

Jazz, so lernt sie von ihrem Vater, ist die Musik des Schwarzen Mannes, der Arbeiter, der Armen, der Obdachlosen. Er ist anders als der Blues, weil er nicht nur klagt, betrauert, Schmerz ausdrückt, sondern alles sagt. Sie hört zu, wenn er eine Schallplatte abspielt, eine, die auch oft im Radio zu hören ist. Die Musik ist von John Coltrane. Ihr Vater sagt, das ist ein Musiker, der versteht, wonach der Schwarze Mann sich sehnt, der dieses Sehnen in sich aufnimmt und aus seinem Saxofon bläst. Wie die Alchemisten verwandelt er Blei in Gold. Zuhören, so sagt er ihr, bedeutet fühlen und verstehen. Sie hört zu. Sie will, dass dieser Jazz etwas mit ihr zu tun hat, mit den melancholischen Teilen ihrer Seele. Sie spürt, dass Schwarze Menschen Musik voller Leidenschaft machen. Sie weiß, dass es so etwas wie natürlichen Rhythmus nicht gibt. Sie kennt die Intensität des Gefühls, dieses allgegenwärtige Wissen, dass der Tod real ist und es der Musik ermöglicht, das zu sein, was sie ist. Sie weiß, es ist die Transformation von Leiden und Trauer in Sound, die Zeugnis von einer Schwarzen Vergangenheit ablegt. Sie hat in ihren Träumen gesehen, wie die Alchemisten Blei in Gold verwandeln.

An den Kommunion-Sonntagen singen sie ohne musikalische Begleitung. Sie halten die alte Tradition des *Call and Response* am Leben. Sie singen langsam und halten jede Note so, als wäre sie in der Falle der Zeit gefangen und kämpfe darum, sich daraus zu befreien. So machen sie es auch mit dem Brot und dem Wein, damit sie nicht vergessen, wie es in der Vergangenheit war. Sie lauscht der Stärke in den Stimmen älterer Frauen, die das *Call and Response* beginnen. Sie singt im Chor. Sie liebt es zu singen. Sie freut sich immer auf die Übungstreffen des Chors an den Mittwochabenden. Das ist der einzige Abend in der Woche, an dem sie nicht zu Hause sind. Sie sitzen im Keller der Kirche und singen. Sie singen: *Hush children, hush children, somebody's calling my name, oh, my lord, oh, my lordy, what shall I do.*

Zu Hause hört ihre Mama Musik. Freitagabends sitzt sie in ihrer Couchecke, raucht eine Zigarette, trinkt eine Dose Bier, lässt Schallplatten laufen, starrt traurig in den Rauch, während Brook Benton singt, *You don't miss your water till your well runs dry.* Samstagsmorgen putzen sie das Haus und hören dabei Musik. Im Radio läuft Soul Musik. Nur zu dieser Zeit gibt es ein ganzes Programm mit Schwarzer Musik. An jedem anderen Tag gibt es nur Country und Western oder Rock 'n' Roll. Beim Staubsaugen, Abstauben und Fegen hören sie die aktuellen Hits und zeigen einander die neuesten Tänze. Obwohl sie gerne tanzt, ist sie keine gute Tänzerin. Sie ist linkisch, ihre Schritte passen nicht zum Rhythmus, und sie machen sich lustig über sie. Sie kann nicht langsam tanzen und keiner Führung folgen. Sie gibt das Tanzen auf und hört lieber nur noch der Musik zu.

Ihr gefällt die Musik von Louis Armstrong. Es gefällt ihr, die Freude zu sehen, die er in das Gesicht ihres Vaters zaubert. Sie sehen Louis in der *Ed Sullivan Show* Grimassen schneiden und mit tiefer Stimme singen. Sie warten auf den Sound der Trompete. Als er sich das Tuch aus der Tasche zieht, um sich die Schweißtropfen abzuwischen, fühlt sie sich erinnert an die Männer zur Rechten Gottes, die in dünne Baumwollfetzen weinen. Sie stellt sich vor, dass sich Tränen mit Satchmos Schweiß vermischen, dass es Tränen der Dankbarkeit sind, dass auch er dankbar ist, einen weiteren süßen, sich ausdehnenden Ton in seiner Trompete gefunden zu haben, von dem er nicht wusste, dass es ihn gab.

44

Sie will sich ausdrücken, ihre Meinung sagen. Für die anderen sind das nur Widerworte. Jedes Mal, wenn sie den Mund aufmacht, riskiert sie, bestraft zu werden. Sie wird so oft bestraft, dass sie sich verfolgt fühlt. Als sie im Unterricht das Wort *Sündenbock* lernt, ist sie sicher, dass es genau ihr Los im Leben beschreibt. Ihre Wildnis, anders als die, in welche die Ziege geführt wird, ist eine Wildnis des Geistes. Sie lassen sie dort zurück, damit sie sich wieder den schönen Dingen des Lebens widmen können. Sie liegt oben in ihrem Bett, nachdem sie wieder einmal bestraft worden ist. Sie hört die anderen lachen und reden. Niemand hört ihr Weinen. Obwohl sie jung ist, versteht sie die Bedeutung von Exil und Verlust. Sie sagen, sie ist in Wirklichkeit kein junges Mädchen, sondern eine alte Frau, die im Körper eines jungen Mädchens wiedergeboren wurde. Sie können die Sprache der alten Frau nicht verstehen. Deshalb haben sie Angst vor ihr. Sie könnte eine Hexe sein. Sie haben ihr ein großes, dickes Taschenbuch mit alten Märchen gegeben. Seite für Seite isst eine alte Frau Kinder, denkt sich Gemeinheiten aus, betreibt böse Magie. Es wundert sie nicht, dass sie die alte Frau in ihr fürchten. Weil sie alte Frauen mag, weiß sie, dass die in den Märchen böse sind, weil sie nicht verstanden werden. Es macht ihr nichts aus, wenn sie sie beobachten und sagen: Sie ist bestimmt neunzig Jahre alt. Seht doch, wie sie geht. Nein!, sagen sie. Sie muss mindestens hundert sein. Nur eine Hundertjährige geht so langsam.

Ihre Welt ist die einzige, die sie kennt. Von ihr ausgeschlossen zu sein, bedeutet, kein Leben zu haben. Sie weint, weil sie in Trauer ist. Die Farbe Schwarz darf sie nicht tragen. Das ist keine Farbe für Mädchen. Für sie sieht sie schon zu alt aus. In einem schwarzen Kleid würde sie wie eine verdammte Idiotin aussehen. Schwarz ist die Farbe einer Frau.

Sie findet eine andere Welt in Büchern. Die Flucht in die Welt von Romanen ist eine Möglichkeit, wieder Freude am Leben zu haben. Doch Romane lindern ihren Schmerz nur für kurze Zeit, solange sie das Buch in der Hand hält, solange sie darin liest. Es ist die Poesie, die alles verändert. Als sie die Romantiker entdeckt, ist es, als würde sie einen Teil ihrer Selbst verlieren und wiederfinden. Sie liest sie Tag und Nacht, die ganze Zeit. Sie lernt Gedichte auswendig. Sie rezitiert sie beim Bügeln oder beim Geschirrspülen. Beim Lesen von Emily Dickinson spürt sie, dass der Geist in der Einsamkeit wachsen kann. Sie liest Edna St. Vincent Millays *Wiedergeburt* und fühlt in den Zeilen die Unterdrückung des Geistes, den spirituellen Tod und die Sehnsucht nach einem neuen Leben. Sie liest Whitman, Wordsworth, Coleridge. Von Whitman lernt sie, dass Sprache wie auch der menschliche Geist nicht in den konventionalen Formen oder Traditionen eingeschlossen bleiben muss. In der Schule rezitiert sie „Oh Captain, mein Captain". Sie würde lieber etwas aus *Gesang von mir Selbst* vortragen, doch das lesen sie nicht in der Schule, weil es zu schwer zu verstehen sei. Sie begreift nicht, warum alle es hassen, Gedichte zu lesen. Sie kann ihr Jammern und Stöhnen darüber nicht verstehen. Es wäre ihr lieber, sie müssten keine Gedichte vortragen. Sie erträgt es nicht, diese ängstlichen Stimmen zu hören, die durch die Zeilen stolpern, als seien sie Fallen in der Wildnis. Zu Hause übt sie den Vortrag von Gedichten, wobei alle sie beobachten.

Ihre eigenen Gedichte schreibt sie heimlich. Sie will nichts erklären müssen. Ihre Gedichte handeln immer von der Liebe und niemals vom Tod. An den Tod denkt sie immer, aber niemals an die Liebe. Sie weiß, dass die anderen lieber geheime Gedichte über die Liebe entdecken würden. Sie weiß, dass sie niemals über den Tod sprechen. Die Bestrafungen gehen weiter. Sie lindert ihren Schmerz mit Poesie, erweckt die Gedichte zum Leben, benutzt sie, um weiterleben zu können.

45

Im Rahmen unserer Missionarsarbeit singen wir Spirituals in der Nervenheilanstalt. Wir spielen mit den Kindern, die dort sind. Wir müssen vorsichtig sein beim Spielen, aufpassen, dass wir nicht gebissen werden, aufpassen, dass es nicht zu Kämpfen kommt. Um in die Anstalt zu gelangen, müssen wir durch viele Türen gehen. Jede Tür wird hinter uns wieder geschlossen. Jede Tür führt in einen Raum, der für mich immer mehr nach Sterben riecht. Ich kann kaum atmen. Ich kann nicht verstehen, warum es in diesen Räumen keine frische Luft, keine Fenster gibt und warum selbst am Tag Dunkelheit herrscht. Ich ertrage die Kälte in dieser Einrichtung nicht und bin froh, dass ich einen Pullover mitgebracht habe. Drinnen versuchen wir, alle glücklich zu machen, besonders die Kinder. Wir tanzen mit ihnen. Wir tanzen, bis wir ganz müde und ausgelaugt sind. Wir tanzen aus vollem Herzen. Auf dem Nachhauseweg im Bus oder im Auto sind wir immer still. Wir wissen, dass das kein Leben ist, eingesperrt, ohne Luft. Wir wissen, dass es eine langsame und stille Folter ist. Wir sehen nicht, wie jemand so wieder gesund werden kann.

Einige der Menschen dort, die Kinder (es sind hauptsächlich Frauen und Kinder), scheinen nur ein bisschen eigenartig zu sein, scheinen nur eine kleine körperliche Behinderung zu haben. Für uns ist es nur etwas eigenartig, mit sich selbst zu sprechen oder ständig laut zu singen, aber nicht eigenartig genug, um eingesperrt zu werden. Wir sehen nicht ein, warum eine Person, die ganz langsam läuft, so wie eine Schildkröte oder wie ein defektes Auto, wie ein Tier, das sich an seine Beute anschleicht, weggesperrt werden muss. Wir verstehen es nicht, und wir stellen keine Fragen. Wenn sie eine Tür schließen und den Schlüssel umdrehen, spüre ich, wie die Angst in mir hochsteigt. Mein Blut wird zu kalter Verzweiflung, die durch meinen ganzen Körper fließt und mich fröstelt. Ich frage mich, ob diejenigen, die bleiben, die niemals weggehen, lernen, ihre Ohren vor dem Geräusch ins Schloss fallender Türen zu verschließen. Selbst wenn es mir gelänge, die Schlösser nicht mehr zu hören, würde mich mit Sicherheit der Geruch umbringen. Er würde mir langsam das Leben nehmen, jeden Tag ein Stück davon stehlen, während alle dabei zusehen. Fast alle der eingesperrten Leute sind weiß. Zu Hause sagen sie uns, dass weiße Leute keine Schwarzen in ihren Heilanstalten wollen. Private Plätze kosten Geld, Schwarze Menschen haben kein Geld, das sie für ihre Kranken ausgeben können. Jedenfalls sagen sie, dass die meisten Leute gar nicht weggesperrt werden müssten. Sie lachen und sagen, dass die falschen Leute eingesperrt werden, dass einige von diesen Weggesperrten zu verrückt sind, um einer Fliege etwas zu Leide zu tun, und dass all die normalen Leute herumlaufen und sich gegenseitig umbringen oder verletzen.

In unserem Wohnviertel gibt es Leute, die so herumlaufen, dass man sie vielleicht wegsperren würde. Wir nennen den einen, der nicht sprechen kann, dessen Mund sich nie schließt, Slobber Boy. Wir sehen ihn immer, wenn er allein entlang der Eisenbahnschienen zum Laden läuft, um Süßigkeiten zu kaufen. Wir wissen nicht, wo er wohnt. Aber er hat Familie und ein Zuhause. Sie kümmern sich um seine Bedürfnisse. Wenn wir ihn ansprechen, lächelt er uns an. Manchmal machen sich Kinder, selbst einige von uns, über ihn lustig. Wir wissen es besser. Dann ist da noch der Haken-Arm-Mann. Wir haben gehört, dass er mit seinem Haken Kinder einfängt und sie über offenem Feuer kocht. Wir wissen, dass wir uns von ihm fernhalten sollen, aber wir wohnen in der Nähe seines Hauses. Wir sehen ihn auf seiner Veranda. Er scheint ein alter einsamer Mann wie jeder andere zu sein. Man sagt, er ist nicht immer nett zu Kindern, deshalb kommen wir ihm nicht zu nah. Sie sagen nicht, Sperrt ihn ein. Sie sagen, Er tut niemandem etwas. Dann ist da noch die Frau im Haus entfernter Verwandter. Sie hat eine Tochter mit geistiger Behinderung, eine, die nie erwachsen geworden ist. Und es gibt Miss Beulah, deren Körper immer weiter gewachsen ist, deren Zähne und Zehennägel wie Fänge sind. Mehrmals in der Woche besuche ich sie, um ihr vorzulesen und mit ihr zu reden. Es fällt ihr schwer zu sprechen. Sie mag verrückt sein, doch es gibt keinen Grund sie wegzugeben, wegzusperren. Manchmal geht sie durch den Hinterhof oder sitzt auf der Veranda. Das ist besser als weggesperrt zu sein. Sie sagen, es ist gut, mit diesen verletzten Teilen unserer Selbst in Verbindung zu bleiben. In gewisser Weise sind sie wir.

46

Wenn sie über gleichgeschlechtliche Liebe reden, benutzen den Begriff *seltsam*. Niemals sprechen sie das Wort *homosexuell* aus. Als kleine Kinder dachten wir, seltsam genannt zu werden, wäre eine nette Art über etwas zu reden, das die Erwachsenen verunsichert, dessen sie sich schämen oder vor dem sie sogar Angst haben. Als wir älter werden, haben wir Angst davor, seltsam genannt zu werden, weil das alles verändern kann. Seltsame Leute, die wir kennen, sind fast immer Männer. Alle wissen, wer sie sind, beobachten sie und reden über ihre Angelegenheiten. Es sind gute Männer, freundliche Männer, die in der Community respektiert werden. Es ist nicht ihre Schuld oder Entscheidung, dass sie seltsam sind. Sie sind einfach so. Sie mussten sich so akzeptieren, und wir müssen sie akzeptieren. Wir machen uns nicht über sie lustig. Wir wissen es besser.

Seltsame Männer unterscheiden sich von anderen Männern, weil sie insgeheim Dinge machen wollen, die Frauensache sind. Sie wollen sich um andere Menschen kümmern, es ist ihnen wichtig, wie sie sich kleiden, wie es in ihren Häusern aussieht und was sie essen. Sie brauchen keine Frauen in ihrem Leben, die sich für sie um diese Dinge kümmern, so wie Männer, die Ehefrauen oder Freundinnen haben. Mit Frauen wollen sie nur sprechen. Fasziniert von dieser Art zu leben, beobachten die Erwachsenen sie, so als würden sie in einem Zirkus etwas Unglaubliches sehen. Manchmal, wenn ein Mann, ein junger Mann, sich der Gruppe anschließt, die sich in bestimmten Häusern trifft, gibt die Community seiner Mutter die Schuld. Sie reden darüber, dass sie ihm beigebracht hat zu kochen, sauber zu machen, auf kleine Kinder aufzupassen – all die Dinge, die echte Männer niemals lernen sollten. Wir mögen echte Männer nicht. Uns gefällt es nicht, dass unser Bruder nie bügeln, abwaschen oder auf Babys aufpassen muss. Wir mögen auch nicht die scheinbare Verachtung, mit der er uns Mädchen betrachtet, wenn wir diese Dinge machen, während er uns schmeichelnd bittet, seine Arbeiten zu übernehmen, zu fegen und den Müll rauszubringen. Da er sich auf die richtige Art und Weise für Mädchen interessiert, hat Mama auch nichts dagegen, wenn er zu den seltsamen Männern geht, solange das nicht zu oft passiert und zur Gewohnheit wird.

Wenn ich zu den Häusern gehe, in denen homosexuelle Männer sitzen, trinken und miteinander reden, habe ich das Gefühl, in eine Welt einzutreten, die mich nicht betrifft. Ich fühle mich so, als wäre ich gezwungen, durch ein Schlüsselloch etwas zu erspähen, das ich nicht sehen will. Ich sehne mich so sehr nach mehr Privatsphäre in meinem Leben. Ich will nicht in die Privatsphäre anderer eindringen. Ich stehe auf der Veranda und will meiner Freundin nicht ins Haus folgen, will nicht zugeben, dass ich Angst vor dem riesigen bellenden Hund habe, der zur Tür kommt, um unsere Ankunft zu melden. Ich bin mit dieser Freundin hierhergekommen. Das Haus gehört ihrem Verwandten. Sie kommt oft hierher. Wenn die Männer mich ansprechen, antworte ich schüchtern. Ich will ihnen nicht in die Augen sehen, weil ich sie nicht anstarren will. Ich will nichts wissen, damit ich keine Fragen beantworten kann.

Wenn die Erwachsenen über Frauen sprechen, die seltsam sind, gibt es keine Toleranz. Ihre Stimmen sind dann hart und unversöhnlich. Sie sehen sie nicht als freundliche, respektierte und *gute* Frauen an. Sie bezeichnen sie als unnatürlich, fremd, gottlos. Ich sehne mich danach zu wissen, warum diese Frauen versteckt leben und manchmal heiraten müssen. Es ist schwer, Fragen zu stellen. Wenn ich es wage, sagen sie mir sofort, dass Männer ein Recht haben, zu tun, was auch immer sie wollen und dass Frauen sich immer an die Regeln halten müssen. Eine dieser Regeln ist, dass Frauen dazu da sind, Babys zu bekommen. Babys kann man nur mit Männern bekommen. Frauen, die nicht mit Männern zusammen sein wollen, müssen dazu gebracht werden, sich schuldig zu fühlen, sich zu schämen. Sie müssen von allen Gefühlsgemeinschaften ausgeschlossen werden, damit sie lernen zu tun, was von ihnen erwartet wird. Falls nicht, werden sie bestraft werden, werden sie allein sein – und ungeliebt.

47

Die engste Beziehung habe ich zu meiner Mutter. Von ihr fühle ich mich geliebt und manchmal akzeptiert. Sie ist die einzige Person, die die Bedürfnisse meines Herzens sieht und versucht, sie zu befriedigen. Sie versucht auch immer, aus mir etwas zu machen, von dem sie glaubt, es sei das Beste für mich. Sie sagt mir, wie ich meine Haare machen und welche Kleidung ich tragen soll. Sie will mich lieben und gleichzeitig kontrollieren. Ihre Liebe ist dauerhaft und tief. Manchmal fühle ich mich wie eine Ertrinkende, gerettet durch ihr Ziehen und Zerren, gerettet durch die Atemluft, die mir ihre Fürsorge verschafft. Ich will ihr das sagen, doch die Geschenke, die wir zum Muttertag, zu Weihnachten oder zu ihrem Geburtstag kaufen, scheinen diese Liebe nur zu verspotten, sie lassen sie billig und albern erscheinen wie etwas, das nicht gebraucht wird. Solche Dinge will ich nicht verschenken. Ich will das Zeigen meiner Zuneigung nicht von solchen Zeiten abhängig machen, Zeiten, die andere ausgewählt haben. Sie interpretiert mein Schweigen und das Besorgen von Geschenken in letzter Minute als Verhalten eines unachtsamen Mädchens. Nachts liege ich wach und weine, weil ich sie enttäuscht habe, weil ich eine bessere Tochter sein will, eine Tochter, die ihr das Leben schöner und einfacher macht. Ich bin ein Ärgernis für sie. Sie sagt, dass sie nicht sicher ist, woher ich komme, dass sie mich am liebsten zurückgeben würde. Ich will ihr so gerne Freude bereiten, aber auch etwas von mir selbst behalten, etwas, das mir gehört. Ich will nicht nur etwas sein, zu dem sie mich gemacht hat, etwas, das sie sich wünscht, das ihr gefällt, mit dem sie machen kann, was sie will. Ich liebe sie so, wie sie ist. Für mich muss sie nichts ändern, noch nicht einmal die Dinge, die ich an ihr nicht ausstehen kann.

Jedes Mal, wenn ich versuche, mit ihr über das zu sprechen, was mir so schwer auf dem Herzen liegt, es wie einen Stein herunterzieht und zerbricht, wechselt sie das Thema. Ich glaube, das liegt daran, dass sie es nicht erträgt, von Schmerzen zu hören, die sie nicht verstehen und nicht lindern kann. Sie hat keine Zeit für Schmerzen. Sie hat so viel Arbeit. Wenn ich das Wort einsam benutze, sagt sie nichts. Sie verschließt ihre Ohren. Es ist, als ob ein zweites Paar unsichtbarer Hände, das sie in Taschen, Schränken und Schubladen verwahrt, um all die Arbeiten, für die nie Zeit ist, zu schaffen, ihr die Ohren zuhält. Sie will das Wort *Einsamkeit* nicht hören. Sie will sich nicht erinnern. Ich sage ihr, dass ich vor ihr sterben will, dass ich ohne sie nicht leben kann. Das macht sie wütend. Sie denkt, das sind äußerst befremdliche Worte einer Tochter. Sie sagt mir, ich soll aufhören, solchen Unsinn zu reden. Sie sagt, dass sie natürlich vor mir sterben wird, weil sie älter ist. Sie sagt, dass solche Gedanken mich verrückt machen würden. Ich soll nach draußen gehen, zum Spielen, soll jung und glücklich sein. Ich bin sicher, dass Äußerungen der Zuneigung verstörend auf sie wirken. Sie liest Frauenzeitschriften. Sicher erfährt sie daraus nicht, was sie mit einem Kind machen soll, das über den Tod nachdenkt, das sich der Besonderheit, der einzigartigen Schönheit ihrer Zuwendung bewusst ist.

Wir wissen, dass unsere Mama nicht wie andere Mütter ist. Wir sehen, wie hart sie arbeitet, um uns mehr als Essen, Unterkunft und

Kleidung zu geben. Sie will, dass wir etwas Besonderes haben und will uns eine Vorstellung von Schönheit und Aufregendem vermitteln. Das geht so weit, dass sie nahezu besessen von neuen Produkten ist. Doch sie hat ihr Bewusstsein von den tiefen inneren Werten des Lebens verloren und sorgt sich mehr um Geld. Ich beobachte diese Veränderungen in ihr und mache mir Sorgen. Ich will nicht, dass sie jemals das verliert, was sie mir gegeben hat – das Gefühl, dass es etwas Tieferes gibt, dass das Leben mehr bereit hält als das Alltägliche.

48

Wenn sie vom Sterben spricht, will ich nicht zuhören. Ich will mir niemals eine Welt vorstellen, in der es sie nicht gibt. Sie sagt uns, wir müssen wissen, dass sie möglicherweise sterben wird. Sie zeigt uns, wo alles Wichtige ist. Sie spricht über das Kleid, in dem sie beerdigt werden möchte, und über Sachen, die wir in ihren Schubladen finden können. Sie wünscht sich, dass wir einander nahestehen – als Familie, die auch ohne sie auskommen kann. Wir sind verunsichert von all diesem Gerede über den Tod. Wir wissen, es muss irgendeinen Grund haben. Schließlich sagt sie uns, dass sie sehr krank ist und ins Krankenhaus gehen muss, um sich einer schweren Operation zu unterziehen. Wir begreifen, dass es ernst ist, weil sie nicht in das Krankenhaus für Schwarze geht, sondern in das am anderen Ende der Stadt, zu dem wir nicht zu Fuß hingehen können und wo wir niemanden kennen. Wenn wir fragen, was los ist, was wirklich los ist, sagt sie nichts. Das ist etwas, das ich an ihr nicht ausstehen kann. Sie glaubt, uns zu beschützen, aber macht uns große Angst, so große Angst, dass wir schweigen. Wörter wie Krebs und Tumor hängen schwer in der Luft wie der Regen, der in dunklen Wolken darauf wartet, uns jeden Augenblick zu durchnässen. In dieser Ungewissheit verstecke ich mich in Büchern. Sie sieht das als ein weiteres Zeichen dafür, dass ich gleichgültig bin, gefühllos, hasserfüllt. Ich sehe die unsichtbaren Hände ihre Augen bedecken, damit sie unsere Furcht nicht wahrnehmen muss. Weil sie nicht einfach sagen kann, es gibt nichts, worüber ihr euch sorgen müsst, habt keine Angst, weigert sie sich, unsere Angst zur Kenntnis zu nehmen.

Sie denkt über ihre Krankheit nicht nach. Sie ist mit ihren Planungen beschäftigt. Lebensmittel einkaufen, die Mahlzeiten planen, Listen machen, bis zur Erschöpfung. Tagsüber hat sie keine Zeit, sich Sorgen zu machen. Nachts liege ich wach, lausche und frage mich, ob sie weinend in der Dunkelheit liegt, ob sie seinen Körper umklammert, um die Todeskälte fernzuhalten. Ich höre nichts außer ihren Schritten, während sie durch das Haus hin- und herläuft, um noch vor dem Morgen irgendeine Arbeit zu erledigen. Wir wollen wissen, ob wir sie im Krankenhaus besuchen können. Da sehen wir die Angst auf ihren Lippen, das Zittern, das Zögern. Wieder will sie uns beschützen, wieder versteckt sie sich. Ich gehe weg. Ich halte dieses Verstecken nicht aus. Ich ertrage all die geheimen Orte nicht, die ich in mir selbst schaffen musste. Niemand kommt, um bei uns zu wohnen, so wie in den alten Zeiten. Wir sind groß. Wir können Anweisungen befolgen. Wir haben Angst vor Bestrafungen, wenn wir ungehorsam sind. Aus der Schule zu kommen, ohne dass sie zu Hause ist, deutet bereits den Verlust an. Wir spüren die Leere, die Kälte des Ortes, den sonst ihr Herz erwärmt. Wir gehen von Zimmer zu Zimmer, um zu sehen, ob alles noch an seinem Platz ist.

Sie sagen, sie ist dem Tod nah, dass wir zu ihr gehen müssen, wenn wir sie noch einmal sehen wollen, denn es könnte das letzte Mal sein. Ich werde nicht hingehen. Ich habe meine eigenen Vorstellungen vom Tod. Ich sehe sie die ganze Zeit. Ich sehe sie, wie sie im Haus herumläuft und Dinge erledigt, kocht, putzt, herumwirbelt. Ich weigere mich, hinzugehen. Ich kann ihnen nicht sagen warum. Ich will sie nicht zum letzten Mal in dem weißen Krankenhausbett sehen, umgeben von Fremden und dem Geruch des Todes. Sie stirbt nicht. Sie kommt wütend nach Hause und will die gleichgültige Tochter nicht sehen, diejenige, die noch nicht einmal gekommen war, um sich zu verabschieden. Sie hat wieder die Kontrolle. Sie ist noch nicht bereit zu lieben. Sie hat kein Verständnis. Oben, in meinem Versteck, weine ich. Sie sagen ihr, Sie ist da oben und hört nicht auf zu weinen. Sie lässt mir ausrichten, ich soll sofort mit dem Weinen aufhören, ich hätte keinen Grund zu weinen, sie sollte weinen, weil sie so eine schreckliche Tochter hat. Als ich zu ihr gehe und mich mit meiner Sehnsucht und meinen Tränen auf ihr Bett setze, weiß sie, dass sie mein Herz ein wenig bricht. Sie denkt, ich breche ihr Herz ein wenig. Sie weiß nichts von der Freude, die wir darüber empfinden, dass sie zu Hause ist, am Leben.

49

Sie haben ihre Mama und ihren Daddy nie schimpfen oder streiten gehört. Sie haben gehört, wie er sich harsch beklagte, dass das Haus nicht sauberer war, dass er nicht von der Arbeit in ein unordentliches Zuhause kommen sollte. Sie wissen, er kann wütend werden. Wenn er sich über das Haus geärgert hat, fängt er an, selbst sauber zu machen, um zu zeigen, dass er es besser kann. Er kocht nie, aber er kann es. Wenn er nicht selbst kochen könnte, könnte er ihr Essen auch nicht kritisieren. Sie haben Angst vor ihm, wenn er wütend ist. Sie gehen nach oben, um ihm nicht im Weg zu sein. Er kommt nie die Treppe hoch. Sich um Kinder zu kümmern, ist keine Männersache. Das betrifft ihn nicht. Es interessiert ihn noch nicht einmal – es sei denn, irgendetwas läuft schief. Dann kann er ihr zeigen, dass ihre Kindererziehung nicht besonders gut ist. Sie wissen, dass sie eine gute Mama haben, die beste. Obwohl sie Angst vor ihm haben, kümmert sie seine Meinung nicht. Sie versucht, sich an die Zeit zu erinnern, als sie sich von ihm geliebt fühlte. Sie glaubt, das war die Zeit als sie fast noch ein Baby war, ein ganz kleines Mädchen. Er nahm sie mit in die Schwarze Männerwelt, in den Barbershop und in die Poolhalle. Seine Zuneigung zu ihr brach abrupt ab. Sie hat niemals verstanden warum, nur, dass es vorbei war und nicht zurückkommen würde. Sie erinnerte sich daran, wie sie versuchte, alles Mögliche zu tun, damit es wieder so wie früher war. Doch diese Zeit kam nie zurück. Als sie größer wurde, bemühte sie sich nicht mehr darum. Er ignorierte sie hauptsächlich. Sie versuchte hauptsächlich, ihm aus dem Weg zu gehen. Auf ihre Art und Weise begann sie zu hassen, dass sie seine Liebe wollte, obwohl sie sie nicht bekommen konnte. Sie hasste diesen Teil ihrer selbst, der sich nach seiner Liebe oder wenigstens nach seiner Bestätigung sehnte, noch lange nachdem ihr klar geworden war, dass sie sie von ihm nie erhalten würde.

Wie aus dem Nichts kommt er wütend von der Arbeit nach Hause. Schon auf der Veranda brüllt er und schreit nach der Frau im Haus – schreit, dass sie seine Ehefrau ist, dass er mit ihr machen kann, was er will. Sie verstehen nicht, was geschieht. Er schubst und schlägt und sagt ihr, sie soll den Mund halten. Sie bettelt – und weint. Er will nichts hören, nicht zuhören. Sie fangen seine wütenden Worte mit den Händen auf wie Glühwürmchen – verwahren sie in einem Krug, um sie später zu sortieren. Worte über andere Männer, über Telefonanrufe, und darüber, was er ihr gesagt hat. Sie wissen nicht, was er ihr gesagt hat. Sie haben sie nie wütend reden hören.

Sie denkt an all die Nächte, in denen sie wach im Bett liegt und die Stimme der Frau, die Stimme ihrer Mutter hört und seine. Sie fragt sich, ob dies die Zeit ist, in der er ihr alles sagt, in der er sie warnt. Brüllen, schreien, schlagen: Sie starren auf das rote Blut, das aus dem weinenden Mund rinnt. Sie können nicht glauben, dass diese flehende, weinende Frau, die sich nicht wehrt, die Person ist, die sie kennen. Die Frau, die sie kennen, ist stark, regelt ihre Angelegenheiten, ist eine Frau, die immer Mittel und Wege findet, eine Frau der Tat. Sie kennen sie nicht so still, paralysiert, auf den nächsten Schlag wartend, bittend. Sie kennen ihre Mama nicht ängstlich. Wenn sie schon nicht zurückschlägt, wollen sie, dass sie wegrennt, rennt und nicht aufhört zu rennen. Sie will mit der Tischleuchte auf ihn losgehen, mit dem Aschenbecher, der in ihrer Reichweite ist. Sie will ihre Mama nicht so sehen, will nicht sehen, wie sie sich nicht wehrt. Er bemerkt sie lange genug, um ihnen zu sagen, sie sollen verschwinden, nach oben gehen. Sie weigert sich zu gehen. Sie kann sich nicht bewegen. Sie kann ihre Mama nicht allein lassen. Als er sagt, Was glotzt du? Willst du auch eine Tracht Prügel? hat sie Angst genug, sich zu bewegen. Sie will sich von ihm nichts sagen lassen. Sie fragt die Frau, ob es in Ordnung ist, wenn sie sie allein lässt. Die Frau – ihre Mutter – nickt Ja. Sie bleibt immer noch stehen. Erst als er sich auf sie zu bewegt, geht sie die Treppe hoch. Sie kann nicht glauben, dass ihre Schwestern und ihr Bruder keine Stellung beziehen, dass sie schlafen gehen. Sie erträgt deren Verrat nicht. Als der Vater nicht mehr hinschaut, schleicht sie die Treppe hinunter. Sie will, dass die Frau weiß, dass sie nicht allein ist. Sie will Zeugnis ablegen.

50

Alles, was sie von der Ehe, von Männern und Frauen nicht versteht, wird ihr in einer Nacht klargemacht. An diesem dunklen Ort auf der Treppe sieht sie immer wieder den reglosen Körper der Frau, bittend, weinend und den sich bewegenden Körper des Mannes, wütend, schreiend. Sie sieht, dass der Mann eine Pistole hat. Sie hört, wie er der Frau sagt, dass er sie töten wird. Sie sitzt an ihrem Platz auf der Treppe und zwingt sich zu überlegen, ob sie zu Hilfe kommen kann, ob sie bereit ist zu kämpfen, bereit zu sterben. Sie zittert aus Furcht vor der Antwort. Sie kämpft mit den Tränen. Nachdem er den Raum verlassen hat, geht sie zu der Frau und fragt, ob alles in Ordnung ist, ob sie irgendetwas tun kann. Die Stimme der Frau ist voller Zärtlichkeit und Schmerzen. Sie ist in ihrer Mutterrolle. Sie sagt ihrer Tochter, sie soll nach oben schlafen gehen und dass alles wieder gut wird. Die Tochter glaubt ihr nicht. Ihre Augen bitten. Sie will nicht weggeschickt werden. Sie lauert im Halbdunkel. Als er zurückkommt, sagt er ihr, sie soll ihren Arsch nach oben bewegen. Sie sieht ihn nicht an. Er wendet sich an die Frau und befiehlt ihr zu gehen, sagt, sie soll die Tochter mitnehmen.

Die Frau widerspricht nicht. Sie bewegt sich wie ein Roboter und wirft eilig Sachen in Koffer und Schachteln. Sie sagt nichts zu dem Mann. Er schreit noch immer, stotternd. Als sie versucht, ihm zu sagen, dass alles falsch ist, ganz falsch, wird er noch wütender und bedrohlich. Alles aus den ordentlichen Schubladen liegt ausgebreitet auf dem Bett. Alle wertvollen Dinge, die sie tragen und zusammenstopfen kann, sollen mitgenommen werden. Aus jeder ihrer Gesten sprechen Kummer und Schmerzen, wie Staub, der sich auf allem angesammelt hat, so dick, dass sie ihn in den Händen tragen kann. Sie sieht, dass dem Mann alles gehört. Die Frau hat nur ihre Bekleidung, ihre Schuhe und andere persönliche Gegenstände. Sie sieht, dass der Frau befohlen werden kann zu gehen, dass sie weggeschickt werden kann in die stillen langen Stunden der Nacht. In ihren Gedanken hört sie die Drohung des Mannes, zu töten. Sie spürt das kalte Metall an ihrer Wange, sie hört das Klicken, den Knall. Sie sieht den Körper der Frau fallen. Nein, es ist nicht ihr Körper, es ist der Körper der Liebe. Sie wird zur Zeugin des Todes der Liebe. Sie glaubt, wenn die Liebe noch am Leben wäre, würde sie dies alles beenden. Sie würde die Stimme des Mannes beruhigen, seine Wut besänftigen. Die Liebe würde die Hand der Frau nehmen, ihre Wangen streicheln und ihre Augen mit einem sauberen Taschentuch abwischen. Die Pistole ist auf die Liebe gerichtet. Er legt sie auf den Tisch. Er will, dass seine Frau ihre Sachen packt und geht.

Sie ist wieder in ihrer Mutterrolle. Sie sagt ihrer Tochter, dass sie nicht mitten in der Nacht fliehen muss, dass es nicht ihr Kampf ist. Die Tochter schweigt und starrt der Frau in die Augen. Sie sucht nach dem strahlenden Licht der Fürsorge und der Bewunderung, die sie dem Mann immer entgegengebracht hat. Die Augen sind dunkel vor Trauer, geschwollen. Sie spürt, dass in der Frau ein Feuer erloschen, dass sie kalt ist. Sie ist sicher, die Frau wird erfrieren, wenn sie allein in die Nacht hinausgeht. Sie nimmt ihre Hand, bereit, mit ihr zu gehen. Doch sie hofft, dass es kein Gehen gibt. Sie wünscht sich, dass der Bruder der Mutter bei seinem Eintreffen stark genug sein wird, um den Körper der Liebe mit einer Mund-zu-Mund-Beatmung wieder zum Leben zu erwecken. Sie hofft, er wird mit dem Mann sprechen, ihn führen. Als der Lieblingsbruder ihrer Mutter endlich kommt, kann sie kaum glauben, wie ruhig er die Koffer, Schachteln und Säcke nimmt und sie, ohne zu fragen, zum Auto trägt. Sie kann diese stillschweigende Übereinkunft, dass der Mann im Recht ist, dass er getan hat, was Männer tun können, nicht ertragen. Sie kann die zerbrochenen Stücke des Herzens ihrer Mutter nicht aufheben und wieder zusammensetzen.

51

Ich habe ständig Streit mit Mama. Alles ist zwischen uns geraten. Sie steht nicht mehr zwischen mir und dem, was mich verletzen kann. Sie verletzt mich. Es ist mein Traum von ihr – dass sie sich zwischen mich und allem stellt, was mich verletzt, dass sie mich um jeden Preis beschützen wird. Es ist nur ein Traum. Irgendwie verstehe ich, dass das etwas mit Ehe zu tun hat. Um ihre Pflicht als gute Ehefrau zu erfüllen, muss sie bereit sein, für das Wohl ihres Mannes selbst ihre Töchter zu opfern. Für die Mutter ist es nicht einfach. Sie ist ständig hin- und hergerissen. Sie arbeitet hart für seine Bedürfnisse und für unsere.

Wenn es nicht dieselben sind, muss sie manövrieren, manipulieren, wählen. Sie hat gewählt. Sie hat zu seinen Gunsten entschieden. Sie ist eine gläubige Frau. Sie hat gelernt, dass ein Mann Gott gehorchen muss und eine Frau dem Mann und dass Kinder Vater und Mutter gehorchen müssen, besonders der Mutter. Ich werde nicht gehorchen.

Sie sagt, sie bestraft mich zu meinem eigenen Besten. Ich weiß nicht, was ich dieses Mal gemacht habe. Ich weiß, dass sie ihre Rute bereithält und dass ich stillstehen soll, während sie wieder und wieder zuschlägt. In meinen Gedanken ist die Erinnerung an eine Frau, die still dasitzt, während sie geschlagen, bestraft wird. Ich erinnere mich, wie sehr ich mir wünschte, diese Frau würde sich wehren. Bevor ich klar denken kann, greifen meine Hände nach der Rute und ich hebe sie so, als wollte ich zurückschlagen. Für einen Moment ist sie fassungslos, kann es nicht glauben. Sie ist schockiert. Sie sagt mir, dass ich *nie* wieder, solange ich lebe, die Hand gegen meine Mutter erheben darf. Ich sage ihr, dass ich keine Mutter habe. Sie ist sogar noch schockierter. Wuterfüllt schlägt sie wieder zu. Dieses Mal bleibe ich still. Dieses Mal weine ich. Ich sehe den Schmerz in ihren Augen, als ich sage, dass ich keine Mutter habe. Ich bin bereit, bestraft zu werden. Ich wollte den Schmerz beenden, nicht verletzen. Ich schäme mich und bin hin- und hergerissen. Ich will nicht stillstehen, wenn ich bestraft werde, aber niemals wollte ich Mama verletzen. Es ist besser, Schmerzen zu ertragen als ihr welche zu bereiten. Sie droht mir, dass sie es Daddy erzählen wird, wenn er nach Hause kommt und dass ich dann noch einmal bestraft werde. Ich kann ihren Akt des Verrats nicht verstehen. Ich kann nicht begreifen, dass sie gegen mich sein muss, um für ihn zu sein. Er und ich sind Fremde.

Wir trennten uns tief in der Nacht und wussten, dass nichts wieder so sein würde, wie es war. Er sagte nicht auf Wiedersehen. Ich habe ihm nicht ins Gesicht gesehen. Jetzt gehen wir einander aus dem Weg. Er redet nur durch sie mit mir.

Trotz allem verhalten sie sich, als ob alles zwischen ihnen wieder in Ordnung wäre und das Leben, wie es war. Es ist nur ein Spiel. Sie tun nur so. In der Vortäuschung gibt es keinen Schmerz. Alles bleibt im Verborgenen. Geheimnisse treten im Schlaf zutage. Meine Schwestern sagen Mama, Sie weint im Schlaf und ruft nach jemandem. Der Schlaf ist ihr Ort der Erinnerung. An diesem Ort gibt es keine Täuschung. Sie träumt immer denselben Traum. Ein Film wird gezeigt. Es ist eine tragische Geschichte über Eifersucht und verlorene Liebe. Er trägt den Titel *Verbrechen aus Leidenschaft*. In diesem Film hat ein Mann Frau und Tochter getötet. Die Frau hat er umgebracht, weil er glaubt, sie hätte Liebhaber gehabt. Er hat die Tochter getötet, weil sie Zeugin des Mordes an seiner Frau war. In der Gerichtsverhandlung sagen alle verbliebenen Familienmitglieder zugunsten des Mannes aus. Bei seiner Arbeit war er besonnen und ruhig, ein hart arbeitender Mann, ein Familienmensch. Nachbarn kommen, um zu bezeugen, dass die tote Frau jung und rastlos war und die Tochter wild und rebellisch. Alle sympathisieren mit dem Mann. Seine Geschichte ist so traurig, dass sie zu weinen beginnen. All ihre Taschentücher sind sauber und weiß. Wie wehende Fahnen signalisieren sie Frieden und Ergebung. Sie sind eine Geste an den Mann, dass er sein Leben fortführen kann.

52

Wir können nicht glauben, dass wir unsere geliebte Crispus-Attucks-Schule verlassen müssen und in Schulen in den weißen Wohnbezirken gehen sollen. Wir können uns nicht vorstellen, wie es sein wird, am Büro des Direktors vorbeizugehen, der unsere Namen nicht kennt und dem wir egal sind. Die Erwachsenen sagen bereits, dass es nur Ärger geben wird, aber sie protestieren nicht. Schon jetzt fühlen wir uns wie die Tiere auf dem Viehhof nahe unseres Hauses, wie in einer Herde, getrieben und gedrängt. Schon jetzt bereiten wir uns darauf vor, freiwillig zu einer Art von Schlachtung zu gehen, denn Teile unseres Selbst müssen abgeschnitten werden, damit diese Schulintegration gelingt. Wir beginnen damit, die Freude zu unserer Schwarzen Schule zu gehen, Freund:innen zu sehen, Teil einer Schulgemeinschaft zu sein hinter uns zu lassen. Unsere Freude wird durch Furcht ersetzt. Wir müssen früh aufstehen, um den Bus zu nehmen, der uns zu dieser weißen Schule bringt. So früh, dass wir zunächst in die Turnhalle gehen müssen, um dort auf die Ankunft der anderen Schüler:innen, der weißen, zu warten. Wieder werden wir wie Herdentiere getrieben und gedrängt und gewarnt, in dieser frühmorgendlichen Wartezeit bloß keinen Ärger zu machen.

Manchmal gibt es Protest. Alle Schwarzen gehen nach draußen, bis auf die, deren Eltern sie davor gewarnt haben, das Schulgebäude zu verlassen. Ich gehe nicht raus. Ich glaube nicht daran, dass irgendwelche unserer Forderungen erfüllt werden. Wir haben das Recht, etwas zu fordern, aufgegeben, als die Fenster der Attucks mit Holzbrettern vernagelt und die Türen abgeschlossen wurden. Mama hat uns sowieso davor gewarnt, das Schulgebäude zu verlassen. Dieses Weggehen macht alles noch schlimmer. Mehr als zuvor sind wir Herdentiere, getrieben und gedrängt. Mehr als zuvor werden wir geschlachtet. Wir hören den Widerhall von Stöcken auf dem Flur, wenn Schwarze Jungen von weißen Schulleitern geschlagen werden. Die Nachricht verbreitet sich schnell, wenn welche von uns nach Hause geschickt worden sind, ohne zu wissen, ob sie zurückkommen dürfen.

Einige von uns sind auserwählt. Es wird uns erlaubt, in einer Klasse mit weißen Schüler:innen zu sitzen. Man sagt uns, dass wir klug sind. Wir sind die guten Bediensteten, um die man sich kümmern wird. Wir sollen zwischen der weißen Verwaltung und den Schwarzen Schüler:innen stehen. Es überrascht uns nicht, dass Schwarze Jungen nicht in den Klassen der Klugen sind, obwohl wir wissen, dass viele von ihnen smart sind. Wir wissen, dass die Weißen etwas dagegen haben, dass Schwarze Jungen in einer Klasse mit weißen Mädchen sitzen. Ab und zu wird ein smarter Schwarzer Junge in eine dieser Klassen versetzt. Sie haben ihn beobachtet. Er hat sich bewiesen. Wir wissen, dass wir alle beobachtet werden und uns beweisen müssen. Wir gehen nicht mehr gern zur Schule. Wir haben keine Lust mehr auf stundenlange Diskussionen darüber, was getan werden kann, damit die Integration gelingt. Wir diskutieren mit ihnen, obwohl wir die ganze Zeit über wissen, dass sie wollen, dass wir etwas tun, dass wir uns verändern, uns in Kopien von ihnen verwandeln, damit sie vergessen können, dass wir hier sind, damit sie die Ungerechtigkeiten der Vergangenheit vergessen können. Sie sind nicht bereit, sich zu verändern.

Obwohl Schwarze und Weiße in dieselbe Schule gehen, sitzen die Schwarzen mit den Schwarzen und die Weißen mit den Weißen zusammen. In der Cafeteria gibt es kein *racial mixing*. Wenn sich Hände über diese Grenzen hinweg ausstrecken, protestieren die Weißen und die Schwarzen genauso. Alle sehen darin einen Seitenwechsel. Die Schule ist der Ort, an dem wir von Angesicht zu Angesicht mit Rassismus konfrontiert werden. Wenn wir durch die Reihen der Nationalgarde in ihren Uniformen und mit ihren Gewehren gehen, denken wir, wir werden die ersten sein, die sterben, deren Körper am Boden liegen. Wir sind verzweifelt und sehnen uns nach den Tagen, als Schule noch ein Ort war, an dem wir uns selbst lieben und feiern lernten, ein Ort, an dem wir die Nummer Eins waren.

53

Sie sind besorgt, weil sie noch kein richtiges Interesse an Jungen hat. Sie reden nicht mit ihr darüber, was sie an Jungen langweilig findet, uninteressant. Sie kann nicht mit ihnen reden. Sie kann ihnen nicht sagen, wie sehr sie es hasst, wenn irgendjemand sie beherrschen will. Sie kann ihnen nicht sagen, dass Jungen das oft wollen. Sie kann ihnen nicht erklären, dass sie es nicht mag, ohne ihr Einverständnis angefasst, begrabscht zu werden. Sie ist angewidert von der Grabscherei, den Bitten, dies und jenes mit sich machen zu lassen. Selbst wenn sie erregt ist, verschwindet das Gefühl, wenn Jungen sich so verhalten, als gäbe es in diesem Moment nur eine Sache, nach der sie suchen und die sie ihnen geben soll. Sie schämt sich nicht, nein zu sagen. Es ist ihr egal, dass es sich herumspricht, dass sie nein sagt. Es ist ihr wichtiger, in Ruhe gelassen zu werden. Sie hat kein Date für den Abschlussball. Einer, mit dem sie gesprochen hat, der aus einer anderen Stadt kommt, einen Sportwagen fährt und für eine Zeitung arbeitet, sagt, er würde mit ihr gehen, wenn sie ihn darum bittet. Dann ändert er seine Meinung, ohne zu sagen, warum. Sie werden sie nicht mit dieser Theatergruppe gehen lassen, mit der sie abhängt, dieser Gruppe von ziemlich wilden weißen Teenager:innen. Sie fürchten, dass sie seltsam werden könnte. Sie beobachten, wie sie sich verhält. Sie denken an die Art, wie eine gewisse erwachsene seltsame Frau ein besonderes Interesse an ihr zu haben scheint. Sie glauben, dass es vielleicht falsch war, ihr zu erlauben, Geschenke anzunehmen, ein Kleid, eine Armbanduhr mit winzigen Diamanten. Sie sind sicher, dass sie sich nicht genug darum bemüht, Jungen kennenzulernen und das zu machen, was Mädchen tun. Sie beobachten sie.

Ab und zu erlauben sie ihr, eine Freundin zu besuchen, die am anderen Ende der Stadt wohnt. Sie ist weiß und fährt ein Cabrio. Sie belauschen ihre Telefongespräche, um zu hören, worüber sie mit dieser Freundin redet: Bücher, Politik, Jungen. Sie bekommen mit, dass sie hauptsächlich dem weißen Mädchen zuhört, die über Jungen, die sie interessant findet, redet. Sie wissen nicht, dass sie sich für junge

Männer interessiert, aber nicht über sie spricht, weil das weiße Mädchen keinen von ihnen kennt. Wenn ihre Freundin sie nach der Schule nach Hause fährt, bleiben sie draußen sitzen und reden, manchmal stundenlang. Sie sagen ihr, das geht nicht so weiter, dass sie reinkommen und das weiße Mädchen nach Hause schicken soll.

Sie sagt ihnen nicht, dass das weiße Mädchen versucht, sich umzubringen. Sie sind einfach froh, dass das Mädchen nicht mehr kommt. Sie erzählt niemanden zu Hause etwas von den Narben am Handgelenk ihrer Freundin. Sie sagt nie, dass sie und ihre weiße Freundin das Gefühl Außenseiterinnen, allein zu sein teilen und dass sie sich gegenseitig trösten. Sie weiß, die anderen würden das albern, richtig verrückt finden, sterben zu wollen, weil irgendein Junge dich nicht liebt und nicht einmal zur Kenntnis nimmt, dass es dich gibt. Sie versteht das. Sie nimmt die Hand ihrer Freundin. Sie umarmen sich in dem parkenden Auto. Sie versprechen einander, dass die Freundin so etwas nie wieder versuchen wird, ohne zunächst darüber zu reden. Sie halten einander fest, glücklich am Leben und Freundinnen zu sein.

Als sie hereinkommt, sagen ihre Eltern nichts, obwohl sie sie beobachtet haben. Später am Abend soll sie unten bleiben. Sie wollen wissen, was zwischen ihr und ihrer Freundin vor sich geht. Sie sagt ihnen, sie sind Freundinnen, nichts geht da vor sich. Ihr Daddy sagt, Lüg mich nicht an. Sie blickt ihm wütend und verächtlich ins Gesicht. Sie hat keine Antworten für ihre Eltern. Sie sagen ihr, dass sie so etwas nicht in ihrem Haus haben wollen, dass sie gehen muss. Sie ist sich nicht sicher, warum sie so aufgebracht sind. Sie versteht es nicht. Aus Angst, weggeschickt zu werden, und wegen der Androhung von Strafe, willigt sie ein, sich nicht mehr mit ihrer Freundin zu treffen. Sie kann nicht verstehen, warum sie ihr diese Freundin wegnehmen wollen. Sie weiß nicht, dass sie befürchten, sie könnte seltsam werden.

54

Sie sind erleichtert, dass sie sich endlich für Jungen interessiert, doch selbst das macht sie nicht richtig. Sie mag einen Jungen, der jünger als sie ist – so etwas macht man einfach nicht. Sie beschweren sich nicht, weil sie so erleichtert sind. Sie lachen darüber. Sie sind froh, dass er wenigstens größer als sie ist, dass er nicht jünger aussieht. Sie mag ihn, weil er sie nicht beherrschen will, weil er immer gut gelaunt ist. Bei ihm hat sie nie Angst. Das liegt nicht daran, dass er jünger ist, sondern an seiner Art. Er bittet sie nicht, ihm etwas zu geben. Es genügt ihnen, sich gegenseitig zu berühren, zu entdecken. Sie fühlt gerne die Feuchte in seinen Hosen. Jetzt, da sie sich für Jungen interessiert, warnen sie sie davor, schwanger zu werden, bloß keine Kinder in das Haus zu bringen. Sie weiß, wie sie nein sagt. Sie vermeidet es, an den Punkt zu gelangen, an dem es schwerfällt, nein zu sagen. Sie bricht die Beziehung ab, weil sie nicht mit ihm über Dinge, die wirklich wichtig sind, reden kann. Er interessiert sich nur für Basketball. Sie mag Basketball und sieht gern den Spielern zu. Ihr gefällt, wie sie ihre Körper bewegen. Das erinnert sie an Rehe, an zarte Hirschkälber, die sich anmutig in den Wäldern bewegen. Sie interessiert sich für Bücher und die Anmut im Basketball, für Ideen.

Ein anderer, älter Basketballspieler interessiert sie. Er zieht ihre Aufmerksamkeit auf sich, weil er eine Haut wie schwarze Seide hat. So dunkel, dass das Weiß seiner Augen wirkt, als versteckten und schützten sie sich vor der Ausstrahlung von so viel Schönheit. Sie begehrt ihn. Und sie ist nicht die einzige. Mutig in ihrer Leidenschaft, ruft sie ihn an, um ihm das zu sagen. Er ist interessiert. Sie ist eine von den guten Mädchen, den klugen Mädchen, eine von denen, die aufs College gehen werden. Er weiß, dass sie sich nicht wegwerfen wird. Es ist ihm egal. Er weiß, wohin er gehen kann, wenn er Sex haben will. Noch nie hat jemand mit ihm über Ideen, das Leben und Begehren zur gleichen Zeit gesprochen. Ihr Verlangen ist voller Neugier und Kraft. Es erwärmt ihn schnell, wie hausgemachter Whiskey. Mehrmals versucht er, ihr ganz nahe zu kommen. Doch er weiß, dass sie nicht für ihn bestimmt ist. Seine eigene Mutter hat ihn gewarnt. Er hat den eiskalten Blick in den Augen ihres Vaters gesehen.

Er kann nicht glauben, dass sie keine Angst hat. Sie schlüpft auf den Rücksitz seines Autos. Er will ihr vermitteln, dass sie Angst haben sollte, dass sie kein Mädchen für ihn ist. Sie setzt sich nicht nach vorne zu ihm. Sie bleibt auf dem Rücksitz. Ihre Stimme bewegt sich verführerisch durch die Nacht und umschmeichelt seine Ohren mit der Zärtlichkeit ihrer Worte. Sie fühlt sich bei ihm sicher, ohne zu wissen, warum. Er hält den Wagen irgendwo auf dem Land an einer verlassenen Straße an. Sie will wissen, ob er am Wochenende nach dem Basketballspiel Mädchen hierherbringt. Er antwortet nicht. Er kommt auf den Rücksitz wie in einen Käfig, eine Falle, in der er, nicht sie, gefangen ist. Er spürt, dass ihre Unschuld zu viel für ihn ist. Sie bekommt allmählich Angst, Angst, weil sie unschuldig ist. Er hat sich von Unschuld noch nie abhalten lassen. Es ist ihr Vertrauen, das ihn gefangen hält. Vielleicht hat auch er den Satz schon gehört, Ein schwarzer *nigger* ist kein guter *nigger*. Er will, dass sie ihm vertraut. Seine kalten Hände um ihren Hals machen ihr keine Angst. Er sagt nein zu ihren Zärtlichkeiten und Küssen. Er sagt nein, die Nacht schreitet voran – es ist spät –, er muss sie nach Hause bringen.

55

Schwarze Frauen gehen nicht mit weißen Männern. Sie lernen früh, dass alles, was ein weißer Mann mit einer Schwarzen Frau macht, ist, sie zu ruinieren, zu prostituieren, sie wegzuwerfen wie einen alten Lumpen. Es gibt einen weißen Mann, der nackt in ihrem Viertel herumfährt. Niemand ruft die Polizei. Sie wissen, dass die nichts tun. In Schwarzen Wohngegenden können weiße Männer machen, was sie wollen. Ihnen wird gesagt, nicht zu den Autos der weißen Männer zu gehen, die sie auf der Straße anhalten wollen. Sie sollen nicht nach rechts oder links blicken und einfach weitergehen. Sie haben Angst, eine bestimmte Straße entlangzugehen. Wie eine Brücke verbindet sie den Schwarzen Wohnbezirk mit dem Stadtteil, in dem die Weißen leben. Es gibt keine Wohnhäuser an dieser Straße, nur Lagerhallen und einen verrotteten Straßenbelag. Dort fahren die weißen Männer, die aus ihren Autos schreien, am häufigsten vorbei. Selbst wenn sie stur geradeaus blicken und einfach weitergehen, haben sie Angst. Ohne zu wissen warum, haben sie irgendwie gelernt, dass es kaum etwas gibt, das sie vor dem, was die weißen Männer ihnen antun wollen, schützen kann. Wenn weiße Männer vor ihrer Haustüre stehen und keine erwachsene Person zu Hause ist, wissen sie, dass sie sie nicht hereinlassen dürfen. Sie sollen sich auch nicht von den Geschäftsanzügen, den Aktentaschen täuschen lassen. Sie wissen, dass das Lächeln Gift ist und dass sie ihnen nicht die Hand geben sollen. Sie wissen, dass sie nicht antworten sollen, wenn er sagt, Die Katze hat wohl deine Zunge gefressen.

Als sie in die integrierte Schule kommen, lernen sie, dass alle weißen Männer verdächtig sind, nicht nur diejenigen in den Autos auf der Straße oder die, die sich in den Schwarzen Wohnbezirken herumtreiben. Sie müssen auf der Hut sein vor denen, die Lehrer oder Schulleiter sind. Sie müssen allen freundlichen Gesten misstrauen. Sie sagen, weiße Jungen sind niemals nett. Wenn sie es vermeiden können, sprechen sie nicht mit weißen Jungen, obwohl sie keine Angst vor denen in ihrer Klasse haben.

Es gibt einen weißen Jungen, den sie mag. Sie arbeiten zusammen am Jahrbuch. Sie arbeiten zusammen an dem Theaterstück der

Abschlussklasse. Sie freunden sich an. Sie denkt nicht an ihn als festen Freund. Sie weiß es besser. Irgendwie erinnert er sie an eine Eidechse. Ihre Mutter sagt, in der Schule befreundet zu sein, ist in Ordnung, aber er kann nicht zu ihnen nach Hause kommen. Sie ist schockiert, festzustellen, dass es in ihrem Haus *racial barriers* gibt, enttäuscht und beschämt. Ihre Eltern befürchten, dass diese Freundschaft zu eng werden könnte. Sie wollen, dass sie beendet wird, bevor irgendjemand auf falsche Gedanken kommen könnte. Doch als seine Eltern, respektierte Leute in der Nachbarschaft, anrufen, um zu fragen, ob es in Ordnung sei, dass sie zu ihnen zum Abendessen kommt, stimmen sie zu. Er holt sie in dem grauen Auto ab, das sie bewundert und heimlich liebt. Er liebt das Auto auch. Sie nehmen den langen Weg zu seinem Haus.

Ihr bleibt nicht verborgen, dass er von seinen Eltern verlangt hat, sie sollen durch Taten und nicht nur durch Worte beweisen, dass sie keine Rassisten sind. Sie bewundert seine Eltern dafür, dass sie ihn genug lieben, um so zu handeln. Später sagt sie ihm, dass sie nicht sein kleines Experiment sein will, das er benutzt, um seine Eltern auf die Probe zu stellen. Allein in seinem Zimmer, beim Schallplatten hören, sagt sie nein zu seinem Versuch, sie zu küssen. Sie sagt nein, sie will nicht das Mittel sein, mit dem er die Liebe seiner Eltern testet. Sie sind Freunde. Er ist nicht überrascht, dass sie ihn durchschaut. Er sagt ihr, er hätte sie schon gerne als feste Freundin, aber dass er einsieht, wenn sie daran kein Interesse hat. Sie sagt ihm, dass sie kein Interesse haben kann, wenn sie scheinbar das einzige Mittel für ihn ist, seine Rebellion zum Ausdruck zu bringen. Sie nehmen den langen Weg zurück zu ihrem Zuhause. Ein

Wagen voller weißer Männer, die ein Schwarzes Mädchen und einen weißen Jungen zusammen in einem Auto sehen, versucht, sie von der Straße zu drängen.

56

Sie sagen, sie ist zu dünn. Sie können nicht ertragen, wie sie aussieht. Sie sagen, sie sieht wie eines dieser hungernden Kinder in den Zeitschriften aus, deren Augen um Hilfe bitten. Sie sagen nicht, ob ihre Augen um Hilfe bitten. Sie blickt sich im Spiegel in die Augen und sieht, dass sie vom Weinen gerötet sind, von den Tränen der Angst, zu dünn zu sein, zu hässlich, ungewollt. Ihr Bruder erzählt gern die Geschichte, wie der Wind sie von der Veranda weht und er hinter ihr herrennen muss, um sie einzuholen. Sie wissen, dass er sich das nur ausgedacht hat, aber sie lachen so sehr darüber, dass er es immer wieder erzählt. Sie sieht ihn hasserfüllt an. Seine Sticheleien sind ein Verrat an all den Freuden, die sie einst miteinander teilten. Das Erwachsenwerden trennt sie. Er schämt sich, ein Mädchen zu mögen. Er muss auf jeden Fall zeigen, dass es nichts an ihr gibt, was er leiden kann. Er darf nicht auf der Seite der Ausgestoßenen sein. Er sagt ihr, sie ist zu dünn, um jemals einen Freund zu bekommen. Sie hat nicht die Hüften und Beine, die Jungen mögen.

Er sagt ihr, wenn sie nicht aufpasst, bekommt sie einen Bügelbretthintern, einen der ganz flach ist, flacher als ein Pfannkuchen.

Sie kaufen ihr Pillen für die Gewichtszunahme. Sie lassen sie jeden Tag ein rohes Ei in einem Glas Milch trinken. Sie geben ihr Vitamine und Säfte. Sie wollen Fleisch auf ihren Knochen sehen. Sie warnen sie, dass sie wahrscheinlich sterben muss, wenn sie krank wird, weil sie so wenig wiegt. Es ist ihr egal, ob sie zunimmt oder nicht. Es ist ihr egal, wie sie aussieht. Sie will alles tun, was sie kann, damit sie mit den Sticheleien aufhören, damit sie zufrieden sind. Sie kaufen ihr Kleider, die Nummern zu groß sind. Sie glauben, dass größere Kleidung sie wachsen lässt. Sie müssen so tun, als wäre sie nicht so dünn. Die Kleider hängen an ihr wie nasse Wäsche auf einer Leine, form- und würdelos. Sie sagen, sie hat Arme und Beine wie Zahnstocher. Im Sommer trägt sie nie Shorts. Sie trägt auch keine ärmellosen Blusen, in denen man ihre Arme sieht. Sie sagen, sie sieht aus wie Saru, alt und zerbrechlich. Sie sagt ihnen nicht, dass sie stolz darauf ist, wie Saru auszusehen. Wie ein Schilfrohr im Wind. Sie sagen, sie ähnelt Saru von Tag zu Tag mehr.

Es fällt ihr schwer, etwas zu essen. Noch lange, nachdem alle die Küche verlassen haben, starrt sie auf das kalte Essen auf ihrem Teller. Sie drohen ihr mit Schlägen, falls nicht alles bald aufgegessen ist. Die Tränen lassen das kalte Essen in ihrem Hals kleben. Sie rennt zur Toilette und würgt. Sie wird geschlagen. Jeden Abend warten sie darauf, dass sie ihren Teller leer gegessen hat. Sie beobachten jede ihrer Bewegungen, als wäre sie ein Zirkustier. Sie sagen, sie isst wie ein Vogel, so wie sie in ihrem Essen herumpickt. Sie schreien, sie soll aufhören, so zu essen, und nicht mit Nahrung spielen. Sie weiß nicht, warum sie nicht essen kann. Sie will nicht allein in der kalten Küche sitzen und sehen, wie ihre Tränen auf den Teller tropfen. Wenn sie nicht hinsehen, schaut sie sich nach einem Versteck für das Essen um. Sie wirft jede einzelne weiße Bohne hinter den Kühlschrank, hinter den Herd. Manchmal verraten sie sie. Dann muss sie alles wieder aufheben, saubermachen und bekommt mehr zu essen. Sie muss sitzenbleiben und essen, selbst wenn es den ganzen Abend dauert.

In der kalten Küche starrt sie aus dem Fenster und denkt an Wordsworth und Shelley, an Dickinson, Whitman und Frost. Sie überlegt, wie sie den Strafen entgehen kann. Manchmal, wenn das Essen noch warm ist, hilft ihr irgendjemand dabei, es aufzuessen. Sie haben Mitleid mit ihr und ertragen es nicht, sie allein und weinend dasitzen zu sehen. Wenn sie erwischt werden, wird sie bestraft. Sie weiß, dass sie nicht zunehmen wird, was immer sie auch tun. Sie können nicht aufhören, es zu versuchen. Sie glauben, sie retten ihr Leben.

57

Ich habe das Malen entdeckt. Mit Wasser gemischt, leuchtet die Farbe hell und primär. Ich stelle mir vor, dass ich in die Höhle meiner Kindheitsträume zurückgekehrt bin, zu den Wandmalereien. Der Kunstlehrer Mr. Harold sieht mir beim Anrühren der Farbe zu. Er sagt, er beobachtet mich seit Beginn des Kurses. Es gefällt ihm zu sehen, wie eine Schülerin sich immer wieder in die Farbe verliebt. Er bringt mir einen Stapel Papier. Ich warte immer etwas, bevor ich mit dem Malen beginne. Er sagt, ich brauche zu lange, solch eine intensive Konzentration könnte die Kreativität blockieren. Ich will, dass er mich in Ruhe lässt. Ich sage nichts. Er versteht. Er wird später zurückkommen. Ich versuche, mich an die Bilder in der Höhle, an die Tiere zu erinnern. Ich bin mir sicher, wenn ich sie alle malen kann, werde ich die Geheimnisse des Lebens und das, was ich in der Höhle zurückgelassen habe, wieder entdecken. Ich beginne mit der Farbe Schwarz. In einem Buch über die Geschichte der Pigmente stoße ich auf einen neuen Ausdruck: *Bone Black*. *Bone Black* ist eine schwarze kohlenstoffhaltige Substanz, die durch Verkalkung von Knochen in geschlossenen Gefäßen gewonnen wird. Mich lässt das an die Verbrennung von Knochen denken, an brennendes Fleisch, das schwarz und dann zu Asche wird.

Mr. Harold lacht, als ich ihm erzähle, dass meine Mutter immer gesagt hat, Schwarz ist die Farbe einer Frau – eine Farbe, die ich als Kind nicht tragen durfte. Er trägt schwarze Hosen, ein schwarzes

Hemd und lustige Krawatten. Er kann sich so kleiden, weil er ein Kunstlehrer ist, ein Künstler. In dieser integrierten Schule ist er einer der wenigen weißen Lehrer, die Schwarze Kinder nicht auf Armlänge halten, einer von denen, die keine Angst haben. Er kümmert sich. Er ist der Einzige, der zu verstehen scheint, dass die Weißen und ihr Hass das Problem sind und nicht wir. Er lehnt mich nicht ab. Er hält mich nicht ab von der Farbe Schwarz. Er bestärkt mich, dabei zu bleiben, doch ich soll Farbe hinzufügen, mehr damit machen.

Ich beginne mit dem Eingang zur Höhle und füge dem Schwarz Rot hinzu. Das Rot ist die Farbe der Suchenden, der Tiere und der Menschen, die hierherkommen. Das nächste Bild ist das des Feuers. Ihm nahe, mit ausgestreckten Händen, die die Wärme spüren, erinnere ich mich, dass das Feuer nicht nur die Farbe Rot hat, dass es auch blau, gelb und grün ist. Dies sind die Farben der verlassenen Geister. Vermischt geben sie der Farbe ein neues Leben. Ganz unten in dem Feuer ist die Farbe Schwarz. Das ist die Asche, zu der das Feuer wird. Es sind die Überreste all der Tiere, die ihr Leben geopfert haben, um den Geist in Bewegung zu halten und strahlend brennen zu lassen. Ich will die Farbe Grau mischen, um eine vom Nebel bedeckte Welt zu malen, doch dieses Bild muss warten, denn das sehe ich erst dann, wenn ich die Höhle verlasse. Die Tiere müssen gemalt werden. Ich versuche es immer wieder, doch es will mir nicht richtig gelingen. Mr. Harold schaut mich von seinem Pult aus an und sagt nein, als er sieht, dass ich das Blatt zerreißen und wegwerfen will. Er schüttelt seinen Kopf, nein. Er hat mir schon oft gesagt, ich solle dranbleiben, alles betrachten, überlegen, was ich eigentlich machen will. Ohne mich an all die Tiere zu erinnern, lasse ich die

Wasserfarben hinter mir; ich wende mich dem Acryl zu, dem Malen auf Leinwand.

Die Farbe Schwarz kann hart sein. Ab und zu wende ich mich von ihr ab zugunsten der Farben Rot, Gelb und Braun. Das Bild, das ich male, zeigt die Wildnis, die mein Geist durchstreift. Ich sage ihm, dass ich die Höhle verlassen habe und in die Wildnis gegangen bin. Er sagt mir, ich soll mit den Farben zeigen, wie es in der Wildnis ist. Überall sind verblassende Farben, die noch ein wenig ihres ursprünglichen Leuchtens behalten haben. Ich nenne das Bild *Herbst in der Wildnis.*

58

Nach und nach habe ich mich in der kirchlichen Campusarbeit engagiert. Selbst die Führungspersonen der Bewegung Kreuzzug Christi in unserer Stadt leisten radikale politische Arbeit, weil sie es wagen, die Grenzen zwischen Schwarz und Weiß zu überschreiten. Sie halten integrierte Versammlungen ab. Sie umarmen einander. Sie leben nach dem Grundsatz, dass wir alle eins sind. Ich habe mich ihnen nur allmählich angeschlossen, weil mein Glaube nicht so stark wie ihrer ist. Ich glaube nicht fest genug an die Sünde. Tatsache ist, ich glaube überhaupt nicht an sie, an das Böse ja, aber nicht an die Sünde. Und an Gott. Ich bin unerschütterlich in meinem Glauben an alle Götter.

Um mein Asthma zu heilen, vertrauen sie auf das Handauflegen. Es ist eine heiße Sommernacht. Wir sind alle zusammen auf einer Farm außerhalb der Stadt und hören den Grillen zu. Wir knien alle nieder. Alle, deren Hände mich oder etwas von mir erreichen können, berühren mich. Obwohl mein Atem weiterhin nur schmerzhaft geht, sind diese Hände eine Gnade. Sie halten mich in einer tieferen Liebe, als sie nur zwei Personen empfinden können. Sie beten um Gottes Liebe, die allumfassend ist. Sie möge uns alle umschließen und heilen, doch ganz besonders mein Asthma heilen. Ich glaube nicht an Ursache und Wirkung. Meine Asthmaanfälle kommen wieder. Es ist nicht der mangelnde Glaube. Ich glaube an die Macht der Hände. Ich glaube an das Wunderbare. Und das Wunder wird später kommen. Obwohl ich schon seit langem die Verbindung zu den vielen Händen verloren habe, ermöglicht die Macht dieser Nacht alle anderen Nächte der Heilung.

Um unsere Beziehungen zueinander zu stärken, ziehen wir uns an einen Zufluchtsort zurück. Erst nachdem die in unserer Gemeinde respektierten weißen Erwachsenen angerufen haben, um sich für mich einzusetzen, erlaubt Mama mir, mitzugehen. Sie beschränkt jede meiner Bewegungen aus Angst, dass sie mir schaden und mich untröstlich machen könnten. Das ist das neue Wort, mit dem sie mich beschreiben. Sie haben es von mir. Ich lerne es in der Kirche, wenn wir singen Kommt ihr Untröstlichen, wo immer ihr schmachtet, kommt zu dem Gnadensitz, kniet inbrünstig nieder, bringt euer verwundetes Herz hierher, erzählt hier von eurem Kummer, die Erde hat kein Leid, das der Himmel nicht heilen kann. Ich bin nicht verrückt, sage ich ihnen. Ich bin untröstlich. In einem Wörterbuch zeige ich ihnen, dass es bedrückt, ohne jeglichen Trost bedeutet. Was immer es auch ist, sie haben genug davon. Sie warten darauf, dass es weggeht. Sie verstehen nicht, dass ich auch darauf warte, dass es weggeht.

Hier unter den Gläubigen kann ich offenbaren, dass ich im Geist verwundet bin. Sie verstehen. Wenn wir gemeinsam singen, essen, uns an den Händen halten, verspüre ich Trost, fühle, dass dies ein Gnadensitz ist, auf dem ich zur Ruhe kommen kann. Die Gruppe lebt von der Energie einer weißen Frau mittleren Alters. Wir gehen zusammen spazieren, um uns näherzukommen. Wir sprechen über die heilende Kraft der Liebe. Ich will die Aufrichtigkeit unserer Gespräche und unseres Glaubens nehmen und die Welt damit wie mit einem Kuchenguss überziehen. Ich will verstehen, warum das Heilende sich nicht ausbreitet. Ich will wissen, wann diese Heilung real ist, warum sie uns nicht an den Orten, an denen wir leben, berührt. Zu Hause sind sie besorgt wegen meiner neuen Leidenschaft für die Gruppe, für Gott. Sie wollen sichergehen, dass der Gott, über den ich spreche, den ich verehre und zu dem ich bete, der Gott des Alten und des Neuen Testaments ist, und nicht der Gott dieser neu geschriebenen Taschenbuch-Bibel.

59

Uns bleibt die katholische Kirche ein Rätsel. Wir wissen, dass es unter den Weißen in dieser Stadt große Vorurteile gegen Katholiken gibt. Die Schwarzen Leute sagen, Religion ist Religion. Die katholische Kirche ist eine der wenigen weißen Kirchen, in der es keinen Protest gegen den Eintritt Schwarzer Menschen gab. Schwarze Leute sagen, dass die wenigen von ihnen, die der katholischen Kirche beigetreten sind, das nur wegen der Show gemacht haben. Wir Kinder glauben, der einzige Unterschied zu unserer Baptisten-Kirche liegt in der Art der Show. Der Katholizismus zeigt mehr davon – mit den Roben, den Kerzen und all den Gesängen und Gebeten in einer Sprache, die die meisten Menschen nicht verstehen können. Wir gehen da nur einmal hin zu einem interkonfessionellen Weihnachtsgottesdienst. Wir sind von der Show beeindruckt, obwohl sie uns nicht im Glauben bewegt. Wir spüren nicht die Hand Gottes auf unseren Herzen, wenn der Pfarrer spricht. Uns, vor allem mich, fasziniert die Vorstellung von Beichten. Wir wollen die Katholiken in unserer Schule fragen, was die Beichte bedeutet. Doch wir fragen nicht, weil wir es besser wissen.

Als ich in dem Campus Kreuzzug für Christus aktiv werde, treffe ich zum ersten Mal Katholiken und rede mit ihnen. Wir nehmen an einem Retreat teil, zu dem Gläubige von überallher zusammenkommen. Auf den Bannern, die an jeder Wand hängen, steht: Es gibt nur einen Weg, aber viele Pfade. Wir sind Methodisten, Baptisten,

Lutheraner, Katholiken, Angehörige der Episkopalkirche. Nur wenige von uns sind nicht weiß. Wir ziehen uns an einen Ort in den Hügeln zurück. Es ist Frühlingsanfang und überall blühen Blumen. Die Natur ist voller Herrlichkeit, die ein Echo des Überschwangs der wahren Gläubigen, der Kreuzzügler zu sein scheint. Noch bin ich voller Zweifel. Ich bin froh, an diesem Zufluchtsort den Spannungen zu Hause entkommen zu sein, dem Gefühl, am Rand einer Klippe zu stehen, kurz bevor ich hinabstürze. Ich weiß, dass viele Menschen zu Gott kommen, um gerettet, von der Klippe weg auf sicheren Boden geführt zu werden. Ich komme zu Gott und bleibe doch am Rand der Klippe. Ich bin nicht gerettet worden. Zum Trost lese ich immer wieder die Geschichte von Johannes dem Täufer, der durch die Wildnis wandert. Auch ich bleibe in der Wildnis zurück und versuche verzweifelt, meinen Weg zu finden.

Wir werden eine Rede des anwesenden katholischen Priesters hören. Er wird unser Retreat eröffnen. Er trägt einen schiefergrauen Anzug, dunkel, aber nicht schwarz. In schwarzer Kleidung kann ich ihn mir schwer vorstellen, weil man mir mein ganzes Leben lang gesagt hat, dass Schwarz die Farbe einer Frau ist. Er ist schlank und ohne das plumpe selbstgefällige Fleisch, das die von Gott berufenen Männer so oft kennzeichnet. Als er spricht, fühle ich mich so, als hät ten wir plötzlich einen Raum betreten, in dem nur er und ich anwesend sind. Dieses Gefühl beunruhigt mich. Ich blicke mich um, um sicherzugehen, dass alle anderen noch da sind. Sie starren geradeaus. Auch sie haben diesen Raum betreten. Seine Stimme klingt für mich sanftmütig und freundlich. Er sagt mir, dass er die Einsamkeit, die ich fühle, versteht, dass er mich über den Rand einer Klippe geneigt sieht.

Zum ersten Mal in meinem Leben höre ich jemanden sagen, dass nichts falsch daran ist, sich allein zu fühlen. Er sagt, dass auch er schon am Abgrund stand, Angst hatte zu ertrinken, dem Tod nahe zu sein, ohne bewusst an Selbstmord zu denken. Ich frage ihn nicht, woher er etwas über mich weiß, wie er den Schmerz in meinem Herzen fühlen kann. Am Ende seiner Rede sind wir allein, und er wiederholt immer wieder die Worte, die wie ein Netz sind, das den tief fallenden Körper auffängt. Als ich an seiner schiefergrauen Kleidung weine und schluchze, sagt er mir, dass die junge Frau, die einsam und voller Angst vor dem Leben an der Klippe steht, nur in einem Moment des Zögerns gefangen ist, dass sie ihre Furcht überwinden und in das Leben springen wird – dass sie die Schätze, die ihr Sein bedeuten, mitnehmen wird: die Schönheit, den Mut, die Weisheit. Er sagt mir, ich soll diese junge Frau in mein Herz lassen, beginnen, sie zu lieben, damit sie leben, leben und weiterleben kann.

60

Kleidung interessiert sie nicht. Sie hängt an ihrem Körper, als wäre sie nur dort, weil sie nirgendwo anders hinkann, so wie Männer an Straßenecken oder Kinder auf dem Spielplatz der Schule an Wochenenden. Ihre Kleidung wird immer von anderen ausgesucht. Sie gefällt ihr nie. Sie stellt Sachen zusammen, die nicht zueinander passen, Socken, die nicht die gleiche Farbe haben. Sie glaubt nicht, dass andere Sachen hübsch an einem Körper aussehen könnten, der so dünn ist. Sie will vergessen, dass dies ihr Körper ist. Sie wollen, dass sie sich daran erinnert. Sie wollen, dass sie mehr darauf achtet, was sie anzieht. Sie sagen, sie sieht alt aus. Sie kaufen ihr Sachen, in denen sie jünger aussehen soll, in Baby Rosa, Himmelblau, Sonnenblumengelb. Sie erträgt den Gedanken nicht, schon wieder ein rosa Kleid tragen zu müssen, sie erträgt den Gedanken an Rüschen und Puffärmel nicht. Sie freut sich über die neue Mode, über Faltenröcke und weiße Blusen. Sie mag Rottöne, dunkles Grün und nur ein bestimmtes Gelb. Sie mag Farben, die sie an den Herbst erinnern, an fallende Blätter und kahle Äste, an brennendes Feuer.

Sie sagen, sie kann die Farbe Rot nicht tragen, weil sie zu alt für ein junges Mädchen ist, dass sie das vielleicht gegen Ende der Schulzeit machen kann. Sie weiß, dass Rot die Farbe der Leidenschaft ist, dass eine Frau in einem roten Kleid erotisch und sinnlich wirkt; dass eine Frau in einem roten Kleid auf der Hut sein muss. Rot ist die Farbe für Schlampen und Huren, sagen sie. Sie probiert ein weiteres rosa Kleid. Sie sagen, sie sieht so unschuldig, so süß in Rosa aus. Insgeheim liebt sie die Farbe Schwarz. Das ist die Farbe der Nacht und verborgener Leidenschaft. Wenn die Frauen tanzen gehen, wenn sie sich schick machen und in den Nachtklub gehen, tragen sie schwarze Unterwäsche. Sie sitzen vor dem Spiegel, schminken ihre Lippen kräftig rot. Ihr erscheinen sie schöner in ihren schwarzen Schlüpfern als in jedem Kleid. Sie kann es nicht erwarten, so einen zu tragen. Für den Moment muss sie sich damit zufriedengeben, einen schwarzen Rock zu tragen. Als sie ihrer Mutter sagt, dass sie die Farbe Schwarz liebt und ein schwarzes Kleid anziehen möchte, wird ihr gesagt, dass das die Farbe der Frauen ist. In ihren Träumen sind all die wunderschönen Dinge, die ihr vorenthalten werden, schwarz. Sie will einen schwarzen Rock und eine weiße Bluse tragen, um Platzanweiserin in der Kirche sein zu können. Sie darf den schwarzen Rock nur an einem Sonntag im Monat anziehen. In der Schule darf sie ihn nie tragen.

Als sie Wintermäntel einkaufen gehen, wählt sie zwei. Einen im tiefen Dunkelrot, den anderen in ihrer Lieblingsfarbe Schwarz. Den schwarzen bekommt sie nicht. Ihre Mama will nicht noch einmal sagen, dass das die Farbe der Frauen ist. Sie sollte das inzwischen wissen. Sie sollte es besser wissen. Sie kann den schwarzen Mantel nicht zurückhängen, ohne ihn zunächst an ihre Wange zu pressen. Sie hält ihn so, wie man alle Dinge hält, die man liebt und verlieren muss. Den roten Mantel darf sie auch nicht haben. Sie sagen, sie sieht darin zu erwachsen aus. Sie muss zwischen Himmelblau und Erbsengrün wählen. Sie hasst helles Blau. Es ist die Farbe aller kalten und herzlosen Dinge. Sie schlägt einen marineblauen Mantel vor, einen der nicht so schnell schmutzig wird und zu allem passt. Sie glauben, dass das keine schlechte Idee ist. Sie ist fast glücklich – Marineblau kommt ihrem geliebten Schwarz so nah.

Wenn sie älter ist, wird sie jeden Tag Schwarz tragen. Sie will wissen, wie lange das noch dauert, wann sie endlich ein schwarzes Kleid tragen kann. Sie sagen niemals, wenn du nicht aufhörst, davon zu reden. Sie kann es nicht erwarten, eine Frau zu sein. Sie kann es nicht erwarten, die Farbe Schwarz zu tragen. Sie blickt in den Spiegel und stellt sich vor, sie ist eine Frau in einem schwarzen Kleid. Sie ist nicht in Trauer. Sie hat gelernt, all die zerbrochenen Stücke ihres Herzens wieder zusammenzusetzen. Sie ist eine Frau. Sie ist schwarz gekleidet. Man hat ihr ihr ganzes Leben lang gesagt, Schwarz ist die Farbe einer Frau.

61

Einsamkeit bringt mich an den Rand all dessen, was ich weiß. Meine Seele ist dunkel wie die innere Welt der Höhle – *Bone Black*. Ich bin in dieser Schwärze ertrunken. Wie Treibsand saugt sie mich auf und hält mich dort fest, an dem Ort all meiner Schmerzen. Ich sage niemals laut, dass ich an diesem Ort als Außenseiterin vor Einsamkeit sterben könnte. Ich sage nie laut, Ich will mich umbringen – allem entfliehen. Ich sage niemandem, wie sehr ich mich nach Zugehörigkeit sehne. Der Priester, den ich getroffen habe, sah mich am Rand der Klippe stehen, bereit zu springen, und er hat mich zurückgeholt. Es war keine wirkliche Klippe, nur die in meinem Inneren. Bevor jemand an den realen Ort, an dem wir in den Tod springen, geht, muss das Sterben imaginiert werden. Und so findet er mich dort, an diesem tiefschwarzen Ort in meinem Selbst, *Bone Black*, an dem ich von meiner Flucht träume.

Er schickt eine Studentin, die während unseres Retreats Zeit mit mir verbringen soll. Sie gibt mir Rilkes *Briefe an einen jungen Dichter*. Ich ertrinke darin, und seine Worte retten mich. Er hilft mir, einen Sinn in meinen Schmerzen zu finden. Jetzt ist es Rilke, der zu mir spricht und mich auffordert, in mich zu gehen und die Tiefen zu finden, aus denen mein Leben auferstehen kann. Wenigstens bin ich nicht allein. Ich wurde gesehen.

Ich lese Gedichte. Ich schreibe. Das ist meine Bestimmung. Am Rand der Klippe stehend, kurz vor dem Sprung in den Abgrund, erinnere ich mich daran, wer ich bin. Ich bin eine junge Dichterin, eine Schriftstellerin. Ich bin hier, um Worte zu kreieren. Ich habe die Kraft, mich selbst dem Tod zu entreißen – am Leben zu bleiben.

Wenn sie mir jetzt sagen, dass ich verrückt bin, dass ich, wenn ich weiterhin all diese Bücher lese, verrückt enden werde, weggesperrt in einer Anstalt, wo mich niemand besuchen wird – wenn sie mir das jetzt sagen, habe ich nicht mehr so viel Angst. Rilke gibt der Wildnis, in der mein Geist zu Hause ist, eine Bedeutung. Sein Buch ist eine Welt, in die ich eintrete, um mich zu finden. Er sagt mir, dass alles Schreckliche in Wirklichkeit hilflos ist und unsere Hilfe braucht. Immer und immer wieder lese ich *Briefe an einen jungen Dichter*. Ich bin eine Ertrinkende, und das Buch ist das Floß, das mich an das sichere Ufer bringt.

Wenn ich jetzt nachts im Bett liege und denke, dass es besser ist zu sterben, als immer missverstanden zu sein, immer solche Schmerzen zu spüren, weiß ich, dass ich nicht allein bin. Im Dunkeln liegend wiederhole ich die Worte, „Glauben Sie nicht, dass der, welcher Sie zu trösten versucht, mühelos unter den einfachen und stillen Worten lebt, die Ihnen manchmal wohltun". Ich leide immer noch. Daddy Gus sagt, mein Leiden wird vergehen. Dass ich eines Tages auf all dies zurückblicken werde, und es wird keine Rolle mehr spielen.

Ich nehme mein Buch und lese ihm einzelne Passagen vor. Wie Rilke rät er mir, keine Angst zu haben, in die Tiefe aller Dinge zu sehen, auch dann nicht, wenn sie schmerzhaft sind. Meinem Großvater, der mich immer liebt, kann ich sagen, dass ich dazu gehören will – dass es schmerzt, immer eine Außenseiterin zu sein. Er sagt mir, dass es in dieser Welt viele Möglichkeiten der Zugehörigkeit gibt. Und dass es an mir liegt, herauszufinden, wohin ich gehöre.

Nachts, wenn alle schweigen und alles ruhig ist, liege ich in der Dunkelheit meines fensterlosen Zimmers, dort, wohin sie mich aus der Gemeinschaft ihrer Herzen verbannt haben, und durchsuche die unbewegliche Schwärze nach einem Weg nach Hause. Ich erzähle mir Geschichten, schreibe Gedichte und halte meine Träume fest. In mein Tagebuch schreibe ich – Ich gehöre an diesen Ort der Worte. Dies ist mein Zuhause. Diese dunkle, tiefschwarze innere Höhle, *Bone Black*, in der ich eine Welt für mich selbst erschaffe.

Anmerkungen der Übersetzerin

Dieses Buch spielt in einer Welt, in der Rassismus alle Bereiche des Lebens durchdringt, einschließlich der Sprache. Dies vermittelt *bell hooks* bewusst und eindrucksvoll in ihren Kindheitserinnerungen auch in der direkten und indirekten Figurenrede. Die Übersetzung orientiert sich hier eng am Original und vermeidet Beschönigungen, die der Intention der Autorin zuwiderlaufen würden. Da bestimmte Begriffe im Deutschen anders konnotiert sind oder gar keine Entsprechung haben, wurden alle Variationen des N-Worts, andere rassistische Ausdrücke und einige kulturell nicht übertragbare Begriffe im Original belassen. Schwarz wird als historisch-kulturelle Selbstbezeichnung durchgängig großgeschrieben.

Stimmen zu *Bone Black: Erinnerungen an eine Kindheit*

„*Bone Black* ist eine klare, anspruchsvolle und mitreißende Lektüre."
The Washington Post Book World

„bell hooks *Bone Black* ist ein lebendiges, lyrisches Memoir."
Elle magazine

„bell hooks Memoir ist einfach bemerkenswert. … Besonders eindrucksvoll an *Bone Black* sind hooks verführerisch einfacher Prosastil und die Art und Weise, wie sie alles von Integration über Sexualität bis hin zur Liebe zu Büchern mit einer Mischung aus Gradlinigkeit und Sensibilität anspricht."
Capital Times

„Dies ist ein zärtliches Werk, das die Seele anspricht."
The Black Collegian

„hooks hat ein hypnotisches, leicht fremd anmutendes Memoir geschaffen, das vertraut und einzigartig zugleich ist."
The Boston Globe

„hooks Erinnerungen an Familie, Race, Religion, Sex, Klasse und Gender … bleiben noch lange nach der Lektüre im Gedächtnis haften. *Bone Black* ist hooks persönlichstes und leidenschaftlich ehrlichstes Buch – ihr bestes bisher."
Vibe magazine

„*Bone Black* ist eine Leinwand voller lebhafter impressionistischer Eindrücke vom Heranwachsen eines jungen, begabten Schwarzen Mädchens."
The Philadelphia Inquirer

„Die Lektüre von hooks Memoir ist eine herzerwärmende und lohnende Erfahrung. Sie fordert das nicht hinterfragte Wertesystem heraus, welches das Selbstbild vieler Schwarzer Frauen prägt.“
American Statesman

„hooks exquisite Prosa, geschmiedet in der Hitze des inneren Feuers, glüht wie ein Obsidian.“
Booklist

Ebenfalls von *bell hooks* erschienen

- Ain't I a Woman: Black Women and Feminism
- Feminist Theory: From Margin to Center
- Talking Back: Thinking Feminist, Thinking Black
- Yearning: Race, Gender, and Cultural Politics
- Breaking Bread: Insurgent Black Intellectual Life
- Black Looks: Race and Representation
- Sisters of the Yam: Black Women and Self-Recovery
- Teaching to Transgress: Education as the Practice of Freedom
- Outlaw Culture: Resisting Representations
- Art on My Mind: Visual Politics
- Killing Rage: Ending Racism
- Reel to Real: Race, Sex, and Class at the Movies

- Bone Black: Memories of Girlhood
- Wounds of Passion: A Writing Life
- Remembered Rapture: The Writer at Work
- Happy to Be Nappy
- All about Love: New Visions
- Feminist Theory: From Margin to Center
- Where We Stand: Class Matters
- Salvation: Black People and Love
- Communion: The Female Search for Love
- Rock My Soul: Black People and Self-Esteem

Auf Deutsch erschienen:

- Black Looks. Popkultur, Medien, Rassismus
- GEWALT/geschäfte
- Sehnsucht und Widerstand. Kultur, Ethnie und Geschlecht
- Alles über Liebe – Neue Sichtweisen
- Die Bedeutung von Klasse
- Lieben lernen
- Feminismus für alle
- Männer, Männlichkeit und Liebe – Der Wille zur Veränderung
- Dazugehören – Über eine Kultur der Verortung
- Die Welt verändern lernen – Bildung als Praxis der Freiheit
- Selbstliebe – Alles über Verbundenheit
- Ain't I a woman – Schwarze Frauen und Feminismus

Die Originalausgabe erschien 1997 unter dem Titel *Bone Black. Memories of Girlhood* bei Henry Holt and Company, New York.

Erste Auflage 2024

Übersetzung: Marion Kraft
Umschlaggestaltung unter Verwendung von: photograhy reproduced with the permission/courtesy of the Estate of bell hooks. All rights reserved.
Gestaltung und Satz:
Sofarobotnik, Augsburg & München
Lithografie & Herstellung: Jan Russok
Druck: GGP Media GmbH, Pößneck
ISBN: 978-3-949582-06-6

Besuchen Sie uns im Internet unter www.esverlag.de